U0107158

Der Erzählinstinkt

Warum das Gehirn in Geschichten denkt

Werner Siefer

叙事本能

大脑为什么爱编故事

［德］
维尔纳 · 西费尔
著

李寒笑
译

北京联合出版公司
Beijing United Publishing Co.,Ltd.

图书在版编目（CIP）数据

叙事本能：大脑为什么爱编故事 /（德）维尔纳·西费尔著；李寒笑译 . —北京：北京联合出版公司，2024.3
（读与写）
ISBN 978-7-5596-7390-9

Ⅰ. ①叙… Ⅱ. ①维… ②李… Ⅲ. ①社会人类学 Ⅳ. ①C912.4

中国国家版本馆 CIP 数据核字（2024）第 036894 号

Author: Werner Siefer
Title: Der Erzählinstinkt — Warum das Gehirn in Geschichten denkt
© 2015 Carl Hanser Verlag GmbH & Co. KG，München
Chinese language edition arranged through HERCULES Business & Culture GmbH，Germany
Simplified Chinese translation copyright © 2024 by Shanghai GoRead Culture Communication Co.，Ltd.
ALL RIGHTS RESERVED

北京市版权局著作权合同登记号　图字：01-2024-0028 号

叙事本能：大脑为什么爱编故事

作　　者：［德］维尔纳·西费尔
译　　者：李寒笑
出 品 人：赵红仕
选题策划：九读文化
责任编辑：夏应鹏
特约编辑：刘苑莹
封面设计：刘　彬

北京联合出版公司出版
（北京市西城区德外大街 83 号楼 9 层　100088）
北京联合天畅文化传播公司发行
深圳市福圣印刷有限公司印刷　新华书店经销
字数 170 千字　889 毫米 ×1240 毫米　1/32　8.25 印张
2024 年 3 月第 1 版　2024 年 3 月第 1 次印刷
ISBN 978-7-5596-7390-9
定价：52.00 元

目录

我是个讲故事的人！

亲爱的莫里斯：

你一定会对我的这个想法感兴趣。我发誓没有受到任何人的启发，只不过后来才发现，原来已经有人在我之前就想到了这些！在某个明晃晃的大中午，我突然灵光乍现，脑海中出现了这个想法。

那是正中午的时候，烈日当空，卡斯托尔（Castor）和波吕丢克斯（Pollux）这两颗双子星盘旋在太阳周围，我坐在一家意式咖啡馆里。在周围的欢声笑语和窃窃私语中，我突然意识到，人类首先是叙述者啊！我旁边的这些人，如果不让他们讲故事，他们根本就活不下去。然后我便开始思考"叙述"这件事，但是我该从哪里开始跟你说呢，最好的开头可能就是随意起的头。

那么就从这家咖啡馆说起吧。当时正是午休时间，我们坐在一张圆桌前，像是围绕着篝火而坐，我们的注意力都被这篝火吸引。咖啡馆里当然并没有篝火，篝火可没那么常见。

　　我们就这么围坐成一圈，咖啡送来了。我们搅拌着咖啡，或者手里随便弄些什么，因为眼下也没什么事干。这是一个让人害怕的空当儿，不仅因为它在很大程度上是无形的，还因为它代表着一种过渡时刻。在这一秒，思绪、目光、意图、对话仍在进行着，我们的嘴巴没有停下来——一个小小的空隙却突然打开了，虽不至于无聊，但也相去不远了。在这一刻，多半会有人开始做这样一件事：讲故事。说实话，就算没有这种空当儿，人们也一样会开始讲故事。

　　休息时间我都是和同事一起度过的，其中大部分是年轻女性。她们一直不停地讲述，似乎在身体离开办公室后，想通过这种方式让精神也逃离办公室。之所以讲述，不是出于无聊，也不是为了消磨时间或交流经验，她们讲故事，纯粹就是想要说话，至少在我看来是这样。她们的话题涉及电影、书籍、新 App、烹饪、烘焙，或者诸如玛伦买了婚纱等琐事。大家讲述着各种有趣的、悲伤的、令人感动的事情，有时也会争论几句。我坐在一旁，凝神静听，乐在其中。

　　有一次谈到避孕，杰姬说："避孕药会改变人的情感体验。"因此她停了药，现在感觉好多了。

　　"我也不喜欢化学药品。"玛伦紧接着发表看法，说自己宁愿定期测量体温，"这样我就能更好地了解自己的身体状况。"若是她怀疑有了，她和她的男朋友，也就是未来的丈夫，会接受这个事实，顺其自然生下来就好了。

　　然后大家又谈到激素的改变会导致嗅觉发生改变，一个女人服用避孕药可能会使她对男人的感觉发生变化。但是如果她停药就闻不到伴侣的气味了怎么办？大家一阵哄笑。

阿斯特丽德说，她的男高音丈夫在完成生育计划后跑去结扎，但是他十分害怕从此就唱不上去高音了。因此术后他一从麻药中醒过来，就立刻飙了几个高音，确保自己的歌喉和阳刚之气仍在。

"结扎以后，成年男性的音域压根儿就不会发生改变啊。"阿斯特丽德说道，然后笑着啜饮咖啡。

"我也是这样计划的。"玛伦说。她指的是结扎，一旦她和伴侣有了孩子，就去做手术，不过要动手术的不是她自己，而是她的伴侣。大家哧哧笑着，不知道她未来的丈夫是否已经知道自己的命运。

在另一次午休时间的聚会上，女士们询问一位有两个女儿的同事怀孕和生产的问题。我们坐在户外的小桌旁，树丛和植物为我们遮蔽了正午的阳光，带来了清凉。移门后面，咖啡馆的老板巴蒂斯塔·塞韦里诺正向他父亲展示手机上新生女儿的照片。他一会儿说德语，一会儿说意大利语，切换自如，且没有一点儿口音。

"你当时痛得厉害吗？"杰姬问卡门。

卡门很惊讶，因为还没有人问过她生孩子的事情，除了她自己的孩子，而她的孩子也只是在过生日时才会问起。不，她已经不记得当时疼得有多厉害了。她跷着二郎腿，双手握着咖啡杯，所有人的目光都集中在她身上。她说，生孩子就像爬山，要征服高山，必须步步为营，一步一步向上爬。

"卡门，你可真是一位登山向导。"杰姬插嘴道。这话说得不无道理，因为卡门热衷于登山和滑雪。

这位年轻的母亲答道，如登山一样，生孩子这种费力的事会让人疼痛，但疼痛不是最主要的，你拼尽全力为的是翻越这座山。在生孩子的过程中，自己能做的本来就非常少，怀孕是一个向你袭来的过程，你根本无法掌控它。在我们所有人诞生在地球上之前，大自然已经全部安排好了。

"身为女人，只能心怀敬畏，好奇地观察发生在自己身体上的变化。"

在怀第二个孩子的时候，她已经比任何医院的医生和助产士都更理解自己的身体发出的信号。阵痛开始没多久，她就知道分娩可能随时开始。然而助产士们确信，距离真正的"发动"还有一段时间。他们离开产房，想先去喝杯咖啡，休息一下。几分钟后，卡门的丈夫十万火急地跑到自动售卖机旁，把他们都叫了回去，因为正如卡门预料的那样，孩子马上就要出来了。

大家的咖啡杯渐渐见底。"你真可怜！"桑德拉故作同情地对我说，"得一直听女人的这些事情。"

我不会说我为她们接受我做一个沉默的听众而感到骄傲，但实际上我确实很开心，因为听一群女性聊天属于我最早的童年记忆。在生命的最初几年里，我没有在父母身边长大，而是和我的祖母、姑姑，以及姑姑的女儿——我的表妹一起生活。

我还清楚地记得那个简陋的农舍，有客厅、厨房和长长的走廊。走廊有道门直接通往猪圈，不过那里已经很久没养牲畜了，只有几只鸡和猫，后来成了放煤的地方。并不平整的砖头地面上有水泥饲料槽，曾经有三四头奶牛被养着用来挤奶。现在那里堆满了杂物，还有一个油箱，油箱上终年覆盖着黑乎乎的油腻灰尘。

农舍没有浴室，我们这些孩子都在客厅里洗澡。我的表妹经常围着灰色的金属澡盆跑来跑去，大喊大叫，很是开心。也许因为她不喜欢肥皂和水，也许因为她纯粹想要乱窜，引得大人来抓她。角落里，电视机一闪一闪，我的祖母坐在沙发固定的位置上，看着女儿佯装恼怒，追着外孙女跑。

祖母坐在沙发的一头，背靠刺绣靠枕，身旁放着油炉，油炉在冬天会被烧得通红，冒着热烟。沙发对面的橱柜上挂着耶稣圣像、镀银十字架和念珠，橱柜与客厅门之间挂着她战死沙场的丈夫的照片。那就是我的祖父，我只在这张褪色的黑白照片上见过他的模样。祖母坐在那个位置，将一切尽收眼底。

有时候祖母让我给她挠背，她背部的皮肤光滑而坚韧。对于我的小手来说，祖母的背十分宽厚，在我指间扭动的时候，就好像熊在树上蹭一样，至少和我在电视上看到的熊一样。"来帮我挠挠背！"她一边说一边解开蓝色小花围裙最上面的一颗纽扣。"喔，没错，再往左一点，嗯，好，再往上一点，往右一点，对了，就是这里！"她的脸揪成一团，噘起嘴巴，皱起鼻梁，发出心满意足的声音。我母亲说，我皱起鼻梁、眯着眼睛的样子和祖母一模一样。

不看电视的时候，祖母本可以聊一聊田地里的工作，讲讲因为照片上的男人战死在洛林[1]，作为妻子和母亲的她独自经营一个小农场并拉扯大四个孩子的艰辛。她也可以讲讲祖父，或者我那游手好闲的叔叔。这个叔叔经常带我去酒吧见他那群狐朋狗友。他把美军遗留在农场的一副昂贵的望远镜拿去卖了，并将卖得的钱挥霍一空。但是她从未提过这些，我的祖母从没讲过她自己的生平。

1. 叙事的魔力

在卡斯托尔和波吕丢克斯这一对双子星下，我的脑海中突然浮现关于叙事的想法，并思索起其中蕴含的非凡魔力。在听人们说话的时候，我就应该想到这些，但是我没有。我确定自己产生了一些感受，只不过没有用文字把这些感受记录下来。

故事能让人直接感受到紧密的社会联结，它们唤醒记忆，激发想象。在我们的生活中，故事无处不在，却又几乎从未成为关注的焦点，除了文化事业中的伟大文学以外。叙事经常被忽视，但它其实是一种基本态度，人们愿意为之，并乐在其中。若无所事事，或正进行着无须深入思考的例行工作，人们通常就会天南地北地闲聊起来。

散步时，乘电梯时，在通风的门边吞云吐雾时，摘草莓时，

1　法国东北部地区名，历史上为法德争锋之地。

修理水龙头时，躺在床上或在公交车站等车时；在电影院里，在栅栏两旁，在电话机旁；在餐桌旁，在体育馆或会议室，甚至在海底的潜艇和太空的空间站里：只要是有人的地方，都是篝火营地——能够讲出好故事的经典场地。叙事无处不在，无人不能，它太过稀松平常，反而像一件没有价值的事，不会引起太多重视。

2. 语言不再仅与神同在

《圣经》中说道："在一开始就有了语言，语言与神同在，语言就是神。"[1]但今天我们可以说，语言不再是《圣经》的语言，语言也不再仅与神同在。法国哲学家、作家罗兰·巴特（Roland Barthes，1915—1980）也不得不承认这一点。对于人们总是喋喋不休说个不停，他一点办法也没有。他在《符号学历险》（ *L'aventure sémiologique* ）一书中写道：

> 叙事的数量无法被统计。首先，叙事的载体极其多样，这些载体又分布在不同的事物上，似乎任何一种事物都可以用作人类叙述的素材。叙事的载体可以是条理清晰的口头或书面的语言，静止或移动的图像、手势，或者上述素材本身的有序互动。在神话、传说、寓言、童话、长篇小说、史

---

1 引自《圣经·新约·约翰福音》第一章第一节。

诗、历史、悲剧、戏剧、喜剧、哑剧、绘画等等中，在彩色玻璃、电影、漫画、地方报纸和谈话中，处处可见叙事。此外，叙事会出现在所有时间、所有地点和所有社会里，几乎没有形式上的限制。叙事贯穿整个人类历史，没有任何地方出现过脱离叙事的民族，以前不曾出现，以后也不会出现。各个阶层、各个人群都拥有自己的叙事。来自不同文化，甚至敌对文化的人都有一个共同点：珍视自己拥有的叙事。叙事无关文学的优美或粗鄙，它是国际性的、跨历史的、跨文化的，它像生命一样，是一种天然的存在。

我们生活在互联网时代，网络的重要性持续爆炸性增长，这给传统的报纸和杂志带来了危机，纸质书籍可能不久也会面临这种危机。不过这一时代也是新叙事形式（不要与新的叙事弄混了）百花齐放的时代，大家猛发推特，在脸书上发布数十亿条动态，记录自己大大小小的经历。而网络日志，也就是博客，其数量更是数都数不清。简而言之，随着网络繁荣发展起来的，不仅仅有科学技术，还有叙事。

事实上，叙事从来都很流行。生活在公元前八世纪或七世纪的古希腊大诗人荷马撰写了《伊利亚特》(*Ilias*)和《奥德赛》(*Odyssee*)，作品中的人物从诞生至今已经有三千五百多年的历史，影响了我们的文化[1]将近四千年。奥德修斯（Odysseus）、阿

1　指西方文化。

喀琉斯（Achilles）、海伦（Helena）——他们仍然以足智多谋的智慧英雄、刀枪不入的骁勇战神、倾国倾城的绝世美人等文学形象存在着。基督徒、犹太人、穆斯林所信奉的世界三大一神宗教是半数以上的人类生活的信仰，数千年来塑造了半个地球的日常文化和建筑风格。这些信仰奠基于日益积累的口口相传的故事，这就是我们接触到的最早的叙事。宗教典籍致力于解答最为根本的问题——世界的起源、人类的起源、社会中的道德准则。

3. 叙事人

这一切都有很好的理由。我想表达的观点是：撰写叙事或接收叙事，不同于无所事事时的消遣或消磨时光的游戏。相反，它是人类的一种本能，是人类不断努力想要去满足的一种需求，就和吃喝、睡眠、有人陪伴和性爱这些需求一样。

尽管我们每日脱口而出的语言，以及在报纸、书籍、博客和难以计数的短信中所读所写的语言是如此随意、如此平常，尽管日常闲聊甚至恶意八卦中充斥着由词汇组成的贬义概念，但这都无法掩盖这样一个事实：叙事有着更高远的意义，只不过这个意义被太多人忽视了太久。

人类思维最重要的形式不是理性或分析，也不是直觉或感受，而是叙事。我们以叙事的方式组织经历、记忆、目标、欲望、动机、借口、托词，乃至整个人生。

能够解决人类在社会群体中所面临的不确定性的，不是逻辑，也不是物理或化学，而是叙事。在人际关系瞬息万变的复杂世界中，只有叙事是相对可靠的指南针。这一点至关重要，因为人存在于与其他人的相互关系中，其他人构成了一个人最重要的生物环境。好的叙事者能够在社会关系的险滩中更好地把控方向，这是一种进化上的优势。因此，美国哲学家沃尔特·费舍尔（Walter Fisher）为人类重新命名，称人类不应该叫作"智人"（Homo sapiens），而应叫作"叙事人"（Homo narrans）。

叙事人总是滔滔不绝，但更重要的是，讲故事能反映出一个人的秉性。费舍尔认为，与其说人们是通过毫无偏见的完全理性的观察认识自己周遭的世界，不如说他们是通过叙述一个个可信的故事做这件事。通过叙事，我们将自己对世界和他人的认识编织在一起。苏格兰裔美国哲学家阿拉斯代尔·麦金泰尔（Alasdair MacIntyre）甚至认为，人是一种"讲故事的动物"（storytelling animal）。

4. 我是谁？答案本身就是一种叙事

不只《圣经》，世界上所有民族的创世神话都对人类起源进行了解答。而关于自己的生命，每个人也都提供了独一无二的回答，而且是以故事的形式。这些故事描述了"我"的存在和"我"的身份，描述了关于"我"的过去和未来的问题：我是谁？对我来说什么是重要的？我是如何成为现在的自己的？我的生命之路会通往何方？

对于这类问题的回答通常能在自传中找到，自传自然而然会遵循叙事原则。正如法国哲学家、作家让–保罗·萨特（Jean-Paul Sartre，1905—1980）所说："人始终是一个讲故事的人，他被自己和他人的故事包围着。通过串联这些故事，他思考发生在自己身上的一切；通过重复这些故事，他活出自己的生命。"

没错，我们的生命就是重复和追寻这些故事的过程。孩子们从小就学习如何讲述自己的故事，而在那些涉及自我的叙事中，有一条道路直接通往地区的、国家的、跨空间和文化的更加宏大的叙事。叙事创造了民族身份和民族认同，并提供了人类用来创造文明的智力工具：凭借其神奇的远距离影响力，叙事将不同空间和时间中的许多个体捆绑在一起，形成一个拥有共同价值和意义的群体。可以说，叙事建构了人类的文明意识。

5. 故事的最后，一切都会好起来的

所以，我们都是故事讲述者。我也是个讲故事的人，一个"叙事人"，不仅仅因为我没有别的选择，也因为我乐意做一个叙事人，而且是通过大家最容易想到的方式：我爱讲故事，也爱从银幕上看故事，从书籍中读故事。我坚信，不接受"叙事人"的说法，将永远不能理解人类及人类的生存条件。不同于欧洲的宗教，叙事和存在于叙事中的神话在启蒙运动中没有受到丝毫影响。在宗教信仰的影响力式微之后，故事成了能让各种矛盾的神话幻想得以存在的载体。正因为如此，故事的重要性不断凸显。

　　毕竟，即使是最不幸的灾难在叙事中也有其意义，那就是让叙事者与残酷的现实和解，表达对未来的憧憬，也能让聆听故事的人从中得到启发。

　　如此一来，圆满的结局便出现了。从逻辑上讲，既然能够说出危机，就一定能够战胜危机。但是若故事的结局并不美好，甚至很糟糕，比如许许多多的天灾人祸，那怎么办？来自康斯坦茨（Konstanz）[1]的心理学家玛吉·肖尔（Maggie Schauer）用自己的故事治愈了很多因内战或虐待而遭受精神创伤的人。她在一封电子邮件中提出上述问题，并作出了回答，这也是我写成这本书的重要启示来源和动力。

　　她的回答是：那么故事尚未结束！

1　德国南部边境城市。

一、叙事的起源

亲爱的莫里斯：

你还记得 1956 年的法国短片《红气球》(*Le ballon rouge*) 吗？这部短片在法国获得巨大成功，还赢得了奥斯卡奖。影片讲述的是一个樱桃红色的气球的故事。这个气球与其他气球不同，它能够随自己的意志自由移动，像是一个拥有自我意识和想法的生命体。

气球跟随着一个名叫帕斯卡的小男孩——他是影片中的主角，由导演阿尔贝·拉莫里斯（Albert Lamorisse）五岁的儿子扮演——男孩走到哪里，气球就跟到哪里。他们一起度过了许多时光，一起走过巴黎梅尼蒙坦（Ménilmontant）的街道——路人从未注意到他们。要是帕斯卡坐在学校的教室里，气球就会飘浮在窗外，好像在等待着朋友，守护着他。男孩的祖母想赶走这个烦人的伙伴，气球想尽办法躲避驱赶，重新回到男孩身边。它紧紧压在玻璃窗上，因为它知道帕斯卡就在这扇窗后面的屋里。

如果故事到这里就结束了，它就不能算作一个故事。这个故事有个戏剧性的转折：红气球被偷走了。这对于帕斯卡，对于数百万被感动的观众，都是难以接受的。男孩把被绑架的气球解救了出来，但是危机仍未解除：一群坏孩子朝气球扔石子，红气球最终被击中。气球里的空气泄漏，像是灵魂从躯体中逸出，红气球变成一个毫无生气的软壳。对于"同伴"的离去，男孩十分伤心。在复述这个故事的时候，我们不难发现，故事中流露出的荒诞已不再是重点。帕斯卡当然不是在为一个除了空气什么也没有的橡胶软壳伤心，他悲痛欲绝，是因为他失去了一位亲密的朋友。

1. 人们希望能随时随地识别意图

正如我刚刚所说，无论是影片中的主角，还是被影片感动的数以百万计的观众，都没有想过这个故事可能是荒谬的：充了气的塑料有了生命，有独立的意志和想法，有自己的情感和牵挂，甚至可以死亡。没有人觉得这很奇怪，在人类直觉的层面上，这是完全可能的事情，可能令观众沉醉的正是这种充满诗意的破碎感。如果气球是个有血有肉的男孩，除了拥有一个人类的身体，没有任何特殊之处，这个故事甚至不会被搬上银幕，除非我们谈论的是《哈克贝利·费恩历险记》（ Adventures of Huckleberry Finn ）里哈克贝利·费恩与汤姆之间的那种友谊，或者是长袜子皮皮那样的行事风格。

人类倾向于让世界变得生动，而不是停留在无生命的层面。这其实并不符合逻辑，但我们并不按逻辑思考——或者说，只有在需要格外努力时我们才会按逻辑思考。正如我们所看到的那样，人们想要随时随地识别意图、感觉和精神，这其实是很理智的。但是精神是很难被识别的，它无法轻易地被外在感官所察觉，必须要用心去感知。这种感知可以被称为"超感性"（supersensory），也被称为"人类的基本直觉"。

意识研究领域的美国哲学家丹尼尔·丹尼特（Daniel Dennett）认为，人类有"意向立场"（intentional stance）。"意向"指的是周围环境中各种元素所显露出的意图或目的。我在写这句话时故意使用了"元素"这个模糊不清的概念，因为一个"元素"不一定是人或动物，也可能是一个物品。这体现出人类精神的神奇之处，它可以赋予无生命的物品以生命。"立场"的概念则透露出，人类希望随时随地识别意图、愿望、计划或感觉，无论对象是潮水还是洪水，抑或莎士比亚笔下沙沙作响的灌木丛。丹尼特解释道："意向立场是一种解释个体（人类、动物、人工制品等）行为的策略，其方式是视个体绝对理性，基于自己的'见解'和'愿望'来主导'行为'的'选择'。意向立场的基本策略是将该个体视为自主行为者，以便预测，进而理解其行动或活动方式。"

2. 追逐的三角形

意向立场是早期心理学的首批研究主题之一，大概是因为意向立场太过显而易见吧。为了弄清楚意向立场是由哪些现象触发的，研究人员向受试者展示了不同大小的三角形和圆形，让这些形状围绕着一个矩形的轨迹移动，像是在互相"追逐"，但这只是旁观者的感受。受试者会不自觉地赋予这些几何图形的运动模式以心理状态，如目标和感受。通过这个实验似乎可以得出这样的结论：除了明显的运动能力，一个物体方向的变化模式，其因其他物体的变化而产生的可供解读的反应，都会引发人们假设该物体具有意向。

不过，也有反对的声音，有些科学家提出，不应将认为物体具有生命的印象与意向性混淆。为了证实这一点，研究人员让十二个月大的婴儿成了受试者。虽然这个年龄段的婴儿还不会说话，不能表达自己的看法，但是他们已经满怀好奇，并能察言观色。当察觉到没见过的、出乎意料的新奇行为时，他们的目光会在此停留许久，仿佛在等待某种结局。在让婴儿参与几何图形实验时，如果某一个图形不遵循常规的轨迹移动，其移动路径毫无章法，那么它会比遵循目标移动的物体更让婴儿惊讶。其他的实验表明，五个月大的婴儿甚至会给自主移动的盒子设定目标。

但是物体的外观似乎也起到一定作用。相较于类似人手的、可以抓取的杆状物品，人类的手更容易被赋予意向性。相较于戴着手套的手，婴儿更喜欢裸露的手，但若是他们觉得手套是属于某个人的，就会认为这只戴着手套的手的抓握动作更具有目的性和意向性。如果物体的外观像一张长有眼睛和嘴巴的脸，那么它会更容易获得婴儿目光的追随。

总而言之，一个物品若呈现出以下五个特征，就会让人产生该物品具有意向性的印象：第一，类似人脸，有眼睛、鼻子、嘴巴；第二，左右不对称；第三，具有延展性，即可以膨胀和收缩；第四，有独立移动的能力；第五，有对他者作出反应，进而做出合乎逻辑的行为的能力。

遗憾的是，我们尚不能确定这五个要素中究竟哪一个必然或足以让人确信物品的意向性。诚然，人们不会理所当然地认为所有能移动的东西都具有意向性，比如雪花；或者所有左右不对称的东西具有意向性，比如花朵。另一方面，类似人脸的特征对于人们判断物品的意向性是有利的，但是不像人脸的也一样可以给人留下意向性的印象。

这个问题还悬而未决，也许它属于那种无法洞悉、无法解释的意识问题。不过，另外一个截然不同的角度对于我们的研究也十分重要，那就是：为什么我们会轻易产生误会？当一个元素呈现出几个简单的属性时，我们为什么立刻就赋予它意向性？为什么这种情况发生得如此自然，我们完全不用思考，也无法阻止其发生，就像红气球的故事所呈现的那样？

从进化论的角度来看，有两种答案可以解释上述意向性赋予之谜。其一，很显然，这些误会没有带来不好的后果，否则它们可能早就不存在了。对于物体的这种自然而然的假设——也可以说是鬼神信仰，或者将它们拟人化地说成微风之神、雷公电母、大地之母等等——显然没有任何坏处。其二，在人类的日常生活中，假设这些元素有欲望，有感觉，行动背后有意图，通常都是很好、很准确的假设。换句话说，赋予无生命的元素意向性不是错误，忽略有生命的元素具有意向性才是错误。只有当我们身处人类社会中，深思人类思维是如何形成的，才能理解赋予他者意向性背后的进化意义。

3. 读心术：每日魔法

人人都会揣测别人在想些什么，会去读或者说会去尝试读懂他人的想法。你也可以说，人们对别人的脑袋里可能有些什么想法形成了一套理论。"理论"不过是些有说服力的陈述和假设，它们因果相扣，有可能是真的，也有可能不是真的。换句话说，他人的行为和意图对我们来说是完全不确定的。即使是在最亲密的关系中，比如母子之间或恋人之间，也没法知道对方到底在想什么。这是人类存在的基本条件，也是文学作品经久不衰的主题。例如在学医出身、致力于思维研究的德国剧作家格奥尔格·毕希纳（Georg Büchner，1813—1837）的戏剧《丹东之死》（*Dantons Tod*）中，就出现了对这一问题的思考。这部作品的开头是这样的：

丹东：我们对彼此了解甚少。我们的皮肤生得太厚，我们把手伸向对方，也只是白费力气，我们摸到的不过是对方粗厚的表皮而已——我们真是无比孤独。

朱丽：你是了解我的，丹东。

丹东：按照人们一般所谓的了解，你有黑色的双眸、卷曲的头发、细嫩的肌肤，而且动不动就叫我"亲爱的格奥尔格"，但是（他用手指向她的额头和眼睛）这里，这里，这里装的是什么呢？算了，我们的感官太迟钝了。互相了解？那要将头骨打开，将头脑中的思想从神经里抽出来才行。

我们当然知道不可能从大脑神经中抽出任何东西，唯一的替代方案是问出恋人之间的那个永恒的问题："你在想什么？"这句话充满拙劣的浪漫，同时又毫无意义，毕竟谁也不知道回答是否就是真相。而如果真相是平庸无趣或冷酷无情的，你又真的想知道吗？既然没有任何设备可以帮助我们窥探朋友或敌人的大脑——今天的人们和非洲大草原上的原始人一样，都没有便携式大脑扫描仪——我们就必须坚持一套理论，以辨别其他人的意图。你爱我吗？你在欺骗我吗？我怎样才能让你按我说的去做？对于朝夕相处的人来说，这些问题的答案至关重要。

因此，读心术并非什么超自然的东西，不是魔术表演中找出房间里某个人默默记下的那张扑克牌，也不是神经科学家早前宣称的可以实现的事情，而是我们每天都在做却浑然不觉的事情。我们会从自己的欲望、担忧、期待、企图、目的等内在状态，以及喜悦、愤怒或恐惧等情绪出发，来预测或解释他人的行为。

　　哲学家和神经科学家将此称为"心智理论"（Theory of Mind）。用"理论"这个词，是因为所有关于他人思想的想法虽然可能是有根据的，但也仅仅是假设或者理论。心理学家也经常使用"心智化"（mentalisieren）这个概念。

　　正如哲学家丹尼特所描述的那样，心智理论涉及人、动物还是物品，似乎并无太大区别。一个人的直觉宛如魔术师，可以很容易地从自己遇到的一切元素上看出意图。这是奥地利心理学家弗里茨·海德（Fritz Heider）和玛丽-安·西梅尔（Mary-Ann Simmel）于一九四四年发表的经典实验证实的。在这个实验中，两位科学家通过一小段动画片向受试者展示了三个运动体：一个大三角形、一个小三角形和一个圆形。看了一会儿影片后，受试者被要求描述他们所看到的画面。于是，受试者们开始讲故事，好像他们看到的这些自主移动的几何图形彼此之间有关联。有些受试者将三角形解释为男人，将圆形解释为女人，将两个三角形和一个圆形的运动解释为两个男人为了一个女人争风吃醋。受试者讲述的故事大致可以归纳如下：大三角形威胁着怯懦的小三角形，两个三角形在彼此较劲，想要赢得圆形的注意。这就是经典的嫉妒关系，它为数不清的戏剧创作提供了能量。

　　人的意识确实拥有魔力：它创造生命，灌注精神，强加意图，建立联系——简直如同神灵之力。而这一切，都是通过叙事实现的。

4. 意图这件事连婴儿都懂

持续的心智化是叙事人与生俱来的特点，婴儿在六个月大的时候便已具备这一特点。在一项测试中，心理学家向婴儿受试者展示了几张不同的月亮脸，脸上有两个白色和黑色的圆圈作为眼睛。在第一张图片中，月亮脸多次尝试滚上一段陡峭的山坡，但它不断跌落到山底，就像希腊神话中推石头的西西弗斯[1]一样，两者的相似之处很难说是巧合。在第二张图片中，一个"拦路虎"挡住月亮脸的去路，阻止了它的攀登。在第三张图片中，圆形的月亮脸得到一个三角形的"帮手"的帮助，这个三角形也有眼睛，它推着圆形向前移动。结果显示：婴儿不仅能够体会到这些图形的意图，并且能够理解它们；他们还会支持西西弗斯，上述几张图中，最受婴儿喜欢的是圆形获得帮助的那张。

随后，心理学家又做了一次这个实验，但是将眼睛从图形上移走了。婴儿不再表现出明显的偏好，随意从展示的两幅图中选了一张他喜欢的。研究人员总结说，这意味着婴儿关注的是场景的"社会嵌入"（social embeddedness），他对平行移动还是相向运动并无偏爱。场景的社会嵌入也就是我们所说的"人际交互"。

但是红气球、月亮脸和几何图形等例子所蕴含的意义远不止这些。要识别出女性或女性行为，男性或男性行为，显然既不需

1　西西弗斯（Sisyphos），希腊神话中的人物。宙斯惩罚他把一块巨石推上山顶，但是每回巨石被推到山顶时，便又滚落至山脚下。西西弗斯只能不断重复、永无止境地做这件事。

要男性或女性的身体存在，也不需要清晰的男性或女性的图片。在这里，图形便可以成为象征和代表，这些图形只要表现出典型的行事方式，就会呈现出让人一目了然的典型特征。一个耐心等待、亦步亦趋的气球可以代表一个朋友；当被一个更大的圆圈包围时，两个点就成了眼睛；当这个图形在空间中移动时，它就成了一个"社会行动者"（soziale Akteur）。图形成了象征，这种象征指向的是社会群体。箭头不会因为某一个人在脑海中想象它是个路标或暗示，就真的具有这个意义；箭头之所以具有这样的含义，是因为所有人都认同。归根结底，社会的沟通和交流是由人完成的。

类似的例子还有具备指向性的手势：把手握成拳，再伸出食指，人们便无法忽视食指指向的方向。做出这个手势的人是在进行一种交流行为，他在讲述：在手指延长线的尽头，有一些东西值得大家注意。也许有一个红气球正沿着地平线摇摇晃晃地飘动；也许是一场暴风雨正在逼近，最好赶紧找地方躲雨；也许手指的主人在表示"我想要的不是柜台里的蛋糕，而是白面包"；在课堂上，老师伸出手指——现在轮到马克斯，而不是莫里斯。始终是同一个手势，这个手势究竟有何用意，讲述的是什么，只能根据周围的环境和参照物推断。周围的环境和参照物可以说是"姿势展演的舞台"。所谓戏剧，就是给情节提供一个舞台或框架，我们可以十分有把握地说：对戏剧的理解是一种生物本能。

5. 叙事行为的孵化器

象征性思维，对他人意图与内心世界的持续解释，以及因人而异的语言能力，是人类思维的三个重要特征。这些理性思考能力是人类所独有的，没有哪个其他物种能够像人类这样轻松自如地运用这些才能，其他灵长类动物身上体现出的只不过是这些能力的雏形。尽管如此，进化生物学家确信，思考能力很早就在动物界出现了。这个论断是有道理的，因为思考能力不可能凭空出现在世界上，一定是经过了数百万年的时间才能达到今天这样的复杂程度。因此，我们要找的是"叙事智人"（Homo sapiens narrans）和其在动物界的近亲（不会叙事的黑猩猩、倭黑猩猩和大猩猩）的共同祖先。究竟是一种什么样的能力将人类和其动物近亲区别开的呢？这种能力的行为模式和特征是怎样的呢？

有一点需要明确：因为现在还活着的人都没有经历过那个时期，所以科学家们无法找到亲历者进行采访，只能依靠推理来探究数百万年前的真相。不过，他们以论证或叙事构建起思想大厦，在此基础上进行研究，其成果相当具有说服力。他们讲述了一个故事，至于故事有多少可信性，每位读者可以自行判断。

回到上面的问题：是什么将人和别的动物区别开的呢？答案是：对同类的帮助和善意。人类的祖先在与他人的接触中，较少猜忌和怀疑，还发展出遏制攻击性的方法，这使得他们能够形成相对较大的群体。黑猩猩和狒狒虽然也生活在群体中，但是智人，也就是人类的祖先，可以将更多的成员吸纳进他们的群体，并且能够缓和群体内成员之间的紧张关系。而语言，很有可能就是群体成员关系最重要的润滑剂。人类能够发展出语言，是因为我们的祖先对他人有一种基本的友好态度。

6. 故事：飞机上的黑猩猩

今天，黑猩猩、倭黑猩猩（通常被称为"侏儒黑猩猩"）与人类在社会相容性方面有着显著的差异。这一点在进化生物学家莎拉·布莱弗·赫迪（Sarah Blaffer Hrdy）所设计的一项实验中得到明显的体现。当然，她的实验并没有真实进行，而是以反思的形式进行推论，这种反思也可以被视作一种叙事，其基础是人类日常生活的一般经验与田野研究者的观察。莎拉·布莱弗·赫迪提出这样一个问题：把一百五十只黑猩猩、一百五十只倭黑猩猩和一百五十个人分别塞进一架飞机，会发生什么事呢？

最后一个假设已非想法，而是现实。全球范围内，每年有十六亿乘客飞往世界各地，他们或乘坐双人小飞机，或乘坐可搭载五百五十五人的巨型空中巴士A380。尽管有些人会觉得，和其他人挤在一个小空间里好几个小时非常有压迫感，但是旅途通常是顺利的。人类有很多方法应对这些富有挑战性的群体共存情况。

当外套或笨重的行李干扰到别人时，乘客们通常会点头致意，友好地微笑，或者使用肢体动作表达歉意。当婴儿开始哭闹时，乘客们，尤其是女乘客，会表示理解，甚至会提供帮助。（这一点正是人类的关键特质，我们后面会再谈及。）简而言之，乘客们释放出沟通信号，表达出同情心和同理心，以维护群体的和睦。当语言不通、文化背景和世界观也完全不同的人在飞机上相邻而坐时，互相借耳机、手帕或止痛片，都是再正常不过的事情。

我们的近亲倭黑猩猩在飞机上应该也能和平相处，即使是毫无防卫能力的幼兽也能毫发无损地度过航程——前提是，一百五十只的数量没有超过它们所能负荷的群体规模。但是飞机有可能不得不延迟起飞，因为这些毛茸茸的乘客为了缓解压力，一开始脑子里只有性。

那么黑猩猩呢？一百五十只黑猩猩共处一个狭隘封闭的空间内，暴力和攻击将笼罩整个空间。据推测，幼兽的身体会被扯开，血淋淋的耳朵、生殖器以及其他身体部位会散落一地，一些黑猩猩会被殴打致死。"将这么多极易冲动的陌生个体聚集在这样一个封闭的地方，简直就是造就了混乱和自残的温床。"莎拉·布莱弗·赫迪解释说。

7. 大脑是一个社会器官

人类、黑猩猩和倭黑猩猩这三种灵长类动物的区别在于他们处在群体共处状态时的行为方式，也就是说，他们的脑袋里究竟在想什么，是具有决定性影响的。从基因遗传的角度来看，智人虽然和其近亲极其相似，但是其大脑几乎大了三倍。他的脑部神经元（即神经细胞）网络所需要的能量是每天身体消耗总能量的百分之二十。然而，这样的能量消耗是值得的，为什么这么说呢？究竟是什么让人类的大脑膨胀到这么大？

美国精神病学家莱斯利·布拉泽斯（Leslie Brothers）于二十世纪九十年代初给出了上述问题的答案：是人类自己。他认为，对智人的思维起到决定性促进作用的，不一定是外在的生活条件，而是社会环境。他的想法融合了人类学家洛伦·艾斯利（Loren Eiseley, 1907—1977）的观点：人类感兴趣的不仅是正在某处发生的某事，还有他人对他的看法，这里的他人既包括敌人，也包括朋友。在科学界，布拉泽斯的观点被称为"社会脑"（social brain）论，"社会"主要指的是人类"生活其中的社会联结"，其次才是"关怀照顾"，后者是由前者引发的。

与他人共处，形成一个群体，对于生命的进化来说是一种重大转变。在群体中，一个成员最为优先考虑的不再是觅食和掠食者的信息，而是群体其他成员的信息。这是一种比较复杂的情况，主要是因为缺乏确定性，一切都是模糊不清的。我们可以对自己身处的客观世界进行相对准确的评估，比如一棵树、一处水源的位置，一个猎物的外观等。但在涉及其他人的想法时，这种评估就无从进行了。同类的内心世界，特别是他们在群体中的动态，是无法被确切掌握的，只能进行推测，这种推测也不可能绝对符合逻辑。总之，社会世界是一个无法估量的世界。

8. 社会智力学

群体生活一直都是个棘手的问题，当涉及区分不同的人和不同的角色时，也就是回忆曾与谁打过交道，需要"社会智力"（soziale Intelligenz）。这个人是个狡猾的骗子，还是很容易被糊弄的单纯之人？他的社会地位是高还是低？他是我的朋友还是敌人？群体生活需要大量使用心智理论。即使是当前完全不在场的人，我也会在自己的精神舞台上给他留有一席之地，因为他可能很快就会再次出现，而我得避免在他出现时认不出他。那些更善于编织精细社会网络的人，那些能够让更多的人披上精神戏服、在内心的电影中粉墨登场的人，更能够获得好处。用"群体组织能力"一词也无法充分而准确地形容这种抽丝剥茧的能力，而研究人员一再将其归于语言优势。

同样重要的是，群体成员必须考虑到群体汇聚的舞台，也就是人们聚到一起的环境：是在公开场合，还是在少数密友之间？抑或在私人的亲密关系中？是在人群中远远观察，还是身处其中？如果你想要在许多不断变化的意图、愿望和欲望中取得成功，最好评估一下对方接下来打算做什么，以及可能对你产生的想法。但是完成了这样的挑战还远远不够，因为我们可能会误解其他人发出的信号，或者由于对方发出信号的方式具有讽刺意味而解读错误——也许他想隐瞒什么，也许他另有所图——进而被自己极力隐藏的潜在情绪所引导。

我们该如何面对这个问题？更难的问题也许是：该做何反

应？该做些什么？最后，我们必须思考自己在群体中的位置，并据此找到行动方案。我是否要考虑他人提出的建议或命令，或者假装提出的建议或命令？我能不能假装听从建议，以麻痹对方，实际上另有安排？或干脆置之不理，假装没有明白对方的意思？

9. 大脑容量即群体规模

所有灵长动物都有"马基雅弗利智力"（machiavellistische Intelligenz）。这是以佛罗伦萨政治家和外交家尼科洛·马基雅弗利（Niccolò Machiavelli，1469—1527）的名字命名的。他在《君主论》（*Der Fürst*）一书中描述了统治者是如何维持和扩大权力的，因此，"马基雅弗利"逐渐发展成一个形容词，用来描述在绝望中不择手段地维护自身利益的情形。灵长类动物是"马基雅弗利的"，它们会违背事情的真相，说出不实之词，也就是撒谎。例如，当它们想要独享水果时，或是在族群中地位低下却想和雌性动物交配时，它们就会说谎。不过，将马基雅弗利智力运用得炉火纯青的大师是人类。对这一智力运用的多寡和脑容量比例相关，而脑容量比例又与群体的规模密切相关。

这一发现来源于牛津大学人类学家罗宾·邓巴（Robin Dunbar）。他收集了灵长类动物（如黑猩猩、红毛猩猩或狒狒）的群体规模和其脑容量的数据，将这些数据绘制在一个由 X 轴和 Y 轴构成的坐标系中，连接这些数值，大致形成了一条直线。他由此得出以下结论：猿类群体的成员越多，其成员脑部的神经元组织就越发达；它们周围聚集的同类越多，大脑就越发达。反之亦然。

以数名雄性为中心形成的黑猩猩群体，成员不超过五十至六十只，如果数量增加，就会分成两个更小的群体。一方面，个体之间相互需要，因为它们可以在群体中得到保护，免受天敌的侵害；另一方面，与同类持续的紧密接触使它们不得不面对更多的竞争，如交配权的竞争，由此带来了更大的压力。面对这种两难的困境，灵长类动物的解决方法是安抚和沟通，互相整理毛发就是一种重要的解压方式。两个个体坐在一起，一个在另一个的皮毛上寻找寄生虫，然后再交换角色。这样一套流程下来，这两个个体或多或少会成为朋友，或者至少彼此之间不再会有任何芥蒂。然而，如果群体的规模不断扩大，从某个时间节点开始，花在友谊关怀上的时间已经明显不够用了，互相整理毛发已不足以缓解压力，群体的气氛就会变得越来越紧张，最终群体分裂成更小的单位。在这个更小的单位中，成员们又能为彼此投入更多的时间，感受到彼此的重视，从而感觉更加舒适。

10. 数量五十，虱子消失

由此可见，能在彼此身上花费的时间是一种限制性因素。通过简单的计算就可以说明虱子问题的困境：黑猩猩不会花超过百分之二十的时间为彼此梳理毛发，如果他们的群体规模发展到一百五十只，每只黑猩猩将不得不把百分之四十三的日常活动时间用在维持群体稳定上。如果群体规模有二百只，上述比例将会上升至百分之五十七。对于一个以互相抓虱子为基础而建立的群体来说，这意味着必须花费更多的时间来维系内部关系。就算能够为此花费这么多时间，群体也将因此没有足够的时间去觅食、进食，以及进行其他活动，很快就会饿死。除此之外，它们的精神需求也会增长。一个由五十只猩猩组成的群体，可能包含一千二百二十五种双向关系，研究人员将这种双向关系称为"二元接触"（dyadischer Kontakt）。一百五十只黑猩猩组成的群体所包含的双向关系为一万一千一百七十五种，这对于黑猩猩来说显然太多了，尤其是在飞机上。

邓巴提出一个重要原则：社会沟通对于一个群体的凝聚力尤为重要。沟通的方式影响群体的最大规模。此外，大脑的容量是决定性的影响因素：根据邓巴的说法，大脑具有组织群体成员间复杂关系这一重要能力。

邓巴的观点也带来另一个令人兴奋的发现：人类学家只需将智人的脑容量数值填入群体规模和脑容量关系图中，就可以推算出远古时期典型的人类群体的规模——大约是一百五十个。这就是该研究中著名的"邓巴数字"（Dunbar-Zahl）。

邓巴推测，语言可能是因为这些简单合理的规律而出现的。因此，可以将语言理解成一种"口头的虱子"。对人口数量不同的七个群体的测量结果表明：人们每天花在与同伴交谈上的时间与远古时期的猴子花在为彼此抓虱子上的时间完全一致，都是百分之二十。

邓巴认为，与梳理毛发这样的服务相比，聊天服务有这样几点优势：第一，它可以同时服务于人群中的好几个人，甚至是很多人，乃至所有人，一句话可以被很多人听到。第二，用交谈的方式"抓虱子"可以节省时间，因为交谈时还可以做其他事情，比如散步、工作，或者抚养孩童。第三，言语交流包含信息内容，这已成为今日我们进行交谈的主要目的，不过最初这个目的是完全不存在的。语言的作用是交流知识、交流评价、交流谈话者经验之外的事物。动物们对于自己没有亲眼看到的事物一无所知，灵长类动物也不例外。

然而通过语言这一媒介，人类可以获得关于发生在自己感官经验范围之外的事件的知识，因此他们即使身处庞大的社会网络中，也能掌握大概情势。因此不难理解，为什么关于其他人的信息对于叙事人来说有如此重要的意义。聊天八卦可以消除紧张气氛，人们在聊天中展现出的亲切友好将群体紧紧地联系在一起。

11. 人类有很强的繁衍能力

语言对于社会性生物来说具有诸多优点，特别是在人际交往上。这一点可以解释为什么叙事大多围绕社会内容展开，但是不能解释为什么只有人类发展出了语言。尽管听起来很怪异，但是这一问题的答案可能与女性的生育能力极大提高密切相关。女性在生育后的两到三年内可以再次怀孕，直到今天，女性仍保持着这样的生育速度。在工业革命之前，快速连续地生孩子甚至是一种常态。

更令人惊讶的一点是，相比于黑猩猩，人类婴儿的成长和成熟是相当缓慢的。智人需要二十年才能长大成人，即使在史前时代，这一过程也需要十五年之久。此外，女性是灵长类动物中唯一失去繁殖能力之后还能继续存活的雌性动物。停经后，她们开始扮演协助者的角色——姑姑婶婶或者祖母帮助抚养侄女或孙女。这是盐湖城[1]犹他大学人类学教授克里斯汀·霍克斯（Kristen Hawkes）提出的"祖母假说"（grandmother hypothesis）理论。

霍克斯和同事一起进行了各种田野研究。生活在坦桑尼亚埃亚西湖地区的哈扎族人以狩猎和采集为生，研究人员记录了每个部落成员为每天获取食物所做的贡献。他们跟随部落中的每一个男人、女人和孩子，仔细称量他们带回来的食物，包括浆果、坚果、根茎、蘑菇，以及用棍子挖出的淀粉质块茎。

研究人员也跟随哈扎族人追捕大角斑羚，一种重达半吨的食草动物。哈扎族人认为，猎杀有蹄类动物是无比荣耀的，可能是因为这种猎物较为罕见。

12. 辛劳的祖母和姐姐

正如霍克斯和同事们所记录的那样，最勤劳的采集者，也就是那些早上最早离开、晚上最晚回来的人，不是女孩，也不是那

---

[1] 美国西部城市，犹他州首府。

些有孩子需要照顾的母亲，而是祖母和姑姑婶婶们。她们工作最为卖力，带回家的食物也最多，她们用采摘来的水果喂养孙子和侄儿们。因此，族人们并不是靠男人们狩猎带回的猎物生活的，更不用说男人们经常空手而归，真正养活部落的是妇女们每日辛苦采集来的食物。如果祖母或者年长的妇女可以接管照料婴儿的工作，仍有生育能力的母亲就不用亲自照料小孩，而可以将精力投入到生育下一个孩子上。霍克斯的研究证明，那些由年纪较大的家族成员帮助抚养的孩子成长得更快，这种帮助能够带来积极的效果，特别是在困难时期。

二十世纪八十年代，对太平洋加罗林群岛（Caroline Islands）的伊法利克环礁（Ifalik-Atoll）的人口研究显示，对提高生育率有帮助作用的育婴帮手不一定非得是年长女性。人类学家发现，比起第一胎是男孩的夫妻，先生下女孩的夫妻会养育更多的孩子。原因可能是在照顾弟弟妹妹上，姐姐能比哥哥做得更好。

对特立尼达岛上的加勒比村民进行的研究也指向同一方向。炉灶旁若有帮手，帮手无论男女，也无论是不是家庭的一员，都能提高繁衍能力。因为在帮手的帮助下，能够活到生育年龄的孩子会增多。芬兰和加拿大十八世纪和十九世纪的人口数据也证实了"祖母假说"。这些数据显示，如果母亲在停经之后仍然活着，她的子女生育后代的时间更早，生育孩子的数量也更多；得益于父母的帮助，他们成功养大成人的孩子也更多。父母的寿命越长，这种积极的影响就越显著。反之，如果祖母住在邻村，不能每天都来帮忙，对家庭繁衍的负面影响就出现了。顺便说一下，帮手带来的影响与其社会地位或家庭财富无关。莎拉·布莱弗·赫迪在她的《母亲和其他人》(*Mütter und andere*)一书中总结道："人类天生就是共同哺育者，就像鸟类和其他哺乳动物一样。"

"共同哺育"是一个重要概念，在生物学中，它指的是多只动物共同养育幼崽的行为模式。人类，以及远古时期的类人动物都属于共同哺育者。母亲们为了能够不受干扰地进行日常工作，会暂时把婴儿交给帮手或助手照看——这也许是人类和黑猩猩的决定性区别所在。很快，不仅最亲近的女性亲属会帮忙照看孩子，整个家族的女性，甚至男性都会来帮忙。原则上，这个系统和今天的托儿所或幼儿园没有两样。但是在生物学上，能够有效地进行共同哺育的前提不仅仅有对帮手的信任，还有人类社会基本的友善互惠。黑猩猩的幼崽就会面临被姑姑遗忘或被叔叔吃掉的危险。

13. 氏族成为环境

祖母假说和共同哺育后代的策略为我们回望人类历史提供了一些完美的解答。很明显，人们之间广泛的合作有利于生存，也提高了繁衍能力。同时，群体生活也对心理能力提出新的要求，这是另一个重要的问题。在群体中，人类必须学会理解复杂的社会系统及其成员。

长远来看，群体深刻地塑造了人类的心理能力，心理能力不仅关乎发展狩猎技术或保护自己免受捕食者和风雨严寒侵害。如今，社会及其成员和规则构成重要的环境因素。这些框架条件培养和强化了群体中的个人才干，因此对进化产生影响。德国莱比锡马克斯-普朗克进化人类学研究所所长迈克尔·托马塞洛（Michael Tomasello）说："人类群体提供了一种具有调整性的环境，人类的认知能力在这一环境中得到系统发展。"

托马塞洛已经通过实验证实，在氏族中共同哺育孩子的互助合作，促进了象征性思维的发展，语言由此形成。在此基础上，人们学会了搭建自己的内心世界。在内心世界的舞台上，一切具有内心世界的人都可以探寻彼此的意图。

14. 帮助究竟是什么？

托马塞洛分析了"帮助"这件事。严格来说，帮助不仅包括一个简单的动作，比如一个人为另一个人开门，因为后者腾不出手来。帮助还包括一种互动，若是再进一步观察，应该说是一系列互动。帮助将帮助者和受助者联结到一个框架中，使他们能够在一个共同的背景下，为一个共同的目标或是目标的一部分采取行动。一个人给另一个人开门，因为后者腾不出手，并且展示出想要开门的意图，这个意图就是专业术语所说的"意向"。一个人想要进入或离开房间，另一个人想要帮助他实现意愿。如果之前有人出于愤怒用力将门关上，此时开门的动作可能会被理解为一种羞辱或是宣告胜利的姿态："我不接受你这种暴躁的行为，从我眼前滚开！"

　　因此，互帮互助能否实现，完全取决于对另一方内心世界的理解。哪怕在相同的框架下做出相同的行为，由于行为人的意向不同，也会使行为具有截然相反的含义。在这种互动形式中，肢体动作往往发挥着重要作用。一个双手提满购物袋、无法转动门把手的人，最有可能做出的动作是：与站在附近的人进行简单而迅速的眼神交流。这个眼神应该被理解为将他从尴尬处境中解救出来的请求，也就是开门的请求。一个眼神胜过千言万语，这是因为帮助者和受助者对眼前情况的评估结果是相同的，他们处于同一语境中。

　　这个眼神简短地传达出了以下信息："请注意到我！看我！我腾不出手来开门，但我想带着买好的食物离开商店。你没有拎着大包小包，并且显然有时间去转动门把手，能不能帮我这个忙呢？"能用眼神传意，是多么好的一件事啊！有时，一个眼神代表的是友好的微笑，点头致意，一声简短却清晰的"谢谢你！"，或者一声响亮而失望的"唉！太糟糕了！"。眼神可以引起别人对自己困境的注意。这类语言或肢体动作是随意的，不那么具体的，可以透露出任何事情，也可以什么都不透露——这在双方无法看到彼此的电话交谈中体现得尤为明显。唯有在共同的背景下，在同一个舞台上，在真实的语境中，这些眼神和肢体动作才能传达出"请开门"的意思。

15. 敲击地面以吸引注意

灵长类动物在与同类进行互动时也会使用肢体动作。在此方面，目前被研究得最为彻底的是黑猩猩。它们会伸出张开的手，或者将手放在同类的嘴巴下面，表示想从对方那里得到食物。它们知道，如果对方没有看到或者故意不看，肢体动作就不起作用。所以为了确保它们的动作不会被忽视，它们甚至会站到对方面前去做这些动作。当黑猩猩们想要玩耍时，它们会用力拍手发出声响，或者朝同伴投掷物品，用力敲击地面。托马塞洛解释说，它们把这些行为作为吸引注意的手段。同时，它们会表现出想玩的表情和姿态，比如当它们想让同伴给自己梳理毛发时，就会执着地将背部展示给对方。年幼的黑猩猩如果用手触摸母亲的背部，则表示想被母亲背着，做完这个动作后，它们就会爬到母亲背上。这是一种先进的沟通方式，人类也能理解和使用。托马塞洛认为，这里面包含着一个"二阶意图结构"（zweistufige intentionale Struktur），也就是说，该动作表达了两种意图，一种是"注意我！"，另一种是"请这么做！"。

总体来说，黑猩猩对动作的使用是相当灵活的，它们可以将不同的表达方式串联起来，并且学习新的表达方式。在与人类接触时，它们也会使用肢体动作。如果食物被藏在它们够不着的地方，它们会向食物的方向伸出手指或手臂。如果它们知道需要使用一个工具来打开盒子，以获得盒子里的食物，而工具又被藏了起来，它们甚至会把一个并不熟悉的人类指引到相应的地方。这种情况下，它的动作表示："去把工具拿来，然后用工具打开盒子，把里面的香蕉拿给我！"有些黑猩猩会指向关闭的门，要人类帮忙打开；有些会拉着人类的手，把人带到架子前，而架子上放着它们感兴趣的东西。

托马塞洛认为，在被人类照料长大的动物中，大约有百分之六十至七十会自发地使用指向性动作，哪怕没有经过专门的训练。它们能够灵活地认识到：人类控制着它们世界的方方面面，通过一些掌控注意力的行为，它们可以诱导人类做一些事情，帮助自己在这个人类的环境中达成目标。不过，几乎所有的动作表达出的都是命令，换句话说，猩猩们通过行为传达出"把香蕉给我！""背我！""给我挠挠背！"的命令或要求。

托马塞洛又说，由于动物经常注视双眼，所以他们可能有这样一种理解，即意向性源于面部后面，而不是执行动作的手或胳膊。然而人们不禁要问，为什么黑猩猩会对人类做出指向性动作，而对同类却不会这么做。托马塞洛在《人类沟通的起源》（ *Origins of Human Communication* ）一书中对此有详细阐述。他指出人类行为的关键特征，描述了象征性思维、语言和文化发展的基础。

为什么黑猩猩会指示人类，而不指示同类？答案显而易见，因为其他黑猩猩不会像人类那样来帮助它们。如果一只黑猩猩通过动作向另一只黑猩猩传达出想要吃东西的要求，它最终可能什么也吃不到。动物的自私不仅阻碍了合作，也阻碍了沟通交流，从而阻碍了语言的产生。这一点已被很多实验证实。

16. 与猩猩玩帽子游戏

托马塞洛宛如外科医生，精准剖析了人类和黑猩猩之间的关键区别，这一点我在《我们和我们之所以为人》(*Wir und was uns zu Menschen macht*) 一书中已经讨论过，在此也再次强调，因为它对叙事有至关重要的意义。在一项做简单选择任务的帽子游戏中，犬类都可以毫不费力地完成，灵长类动物却未能完成，因为它们缺乏合作精神。

在这个实验中，研究人员准备了三个桶，将食物藏在其中一个桶里。黑猩猩只能看到研究人员将食物放进桶里的动作，但看不到食物究竟被放进了哪个桶里。同时，它也能看到另外一个人类观察者可以看到整个过程。随后这个观察者站到黑猩猩面前，手指着放有食物的那个桶。黑猩猩已经接受过关于游戏流程的训练，此时它只要选择这个正确的桶就可以得到食物——这个选择毫无悬念，也毫无难度，然而它没能成功。黑猩猩似乎无法善用人类提供的指向性信息，只会随机地挑选一个桶。

托马塞洛描述，这些动物积极性很高，它们会跟随人类的目光和动作来到正确的桶前，但是在做选择的时候选不出这个桶。它们似乎并不明白，人类的指示和它们的觅食之间有什么关联。托马塞洛认为，它们无法完成关键一步——转换。它们的思维是："好的，这里有个桶，然后呢？食物在哪里？"

这样的解释乍听起来可能有点草率，然而，鉴于下面的实验结果，它又是相当可信的。和之前的实验一样，这也是个选择实验，但有个小小的区别：这次，观察者不再用手指向装有食物的桶，而是亲自用手去拿桶里的食物。他面前有一块树脂玻璃，玻璃上有个开口，观察者要将手臂从开口处伸进去，但是这个开口又很小，手臂没法完全伸进去。观察者在努力做这个动作的时候，不会去看黑猩猩。当另一名研究人员将三个桶一起推到黑猩猩面前时，黑猩猩可以很快推断出食物在哪里，并毫不犹豫地将食物拿走。

对于争夺食物，灵长类动物是十分擅长的。托马塞洛说，尽管这两个实验设计得非常相似，人类都将一只手臂伸向正确的那个桶，但是黑猩猩的理解却和人类的意图不同。在第二个实验中，黑猩猩得出的结论是："这个人想要去拿桶，说明桶里一定有好东西。"它仍然无法将这一结论转换为："他想让我知道食物在这个桶里。"黑猩猩对于人类行为的意图进行了截然不同的诠释。

托马塞洛通过实验很有说服力地指出，人类与其他灵长类动物的决定性差异就在这里，这种差异影响十分深远。当成年人在孩子面前指着一个物品时，孩子会认为这个物品是两人共同的目标，或是自己应该努力的方向。孩子会自然而然地假设成年人想要帮助他，或是想要告诉他一些事情，这是孩子的基本态度。但是黑猩猩不一样，虽然它们可以理解对方想要某样东西，为什么想要，接下来会采取什么行为，但是"共同性"这个概念对它们而言似乎很陌生。托马塞洛说："这就是为什么它们不会发出这样的疑问：'为什么他认为那东西跟我有关系？'它们想知道的是，对方想要的是什么。因为类人猿指向某个物品时，通常只是为了自己的利益。因此，它们看到人类的动作时，不会去想：'人类为什么觉得我的目光应该看向那个方向？'所以它们不会认为别人的动作能帮助自己实现目标。"托马塞洛阐述了一种人类太过习以为常而不易注意到的天性，但这一天性是难能可贵的。

人类和黑猩猩与自己群体的成员的基本互动和交流，是两种不同的行为模式。人类希望为对方做一些事情，协助实现某项目标，或是帮上一些忙。这一点恰是黑猩猩们不能理解的。它们不理解"人类的沟通是利他的，是为了帮助他人实现目标"。它们不理解有人用手指着一盒食物意味着什么。如果这个人知道这个盒子里放着让他感兴趣的东西，而且他也能够得着这个盒子，为什么要用手指着它呢？他可以直接拿走啊！这就是黑猩猩会对人类做出指向性动作，却不会对同类做出同样动作的原因。

17. 叙事人渴望被倾听和理解

在复杂的心理实验中，这种对比更加明显。在这些实验中，儿童可以通过指向性动作进行交流。婴儿在一岁左右时便开始明白，一个人的动作、感觉、认知是可以投射到某个物品上的。他们的目光追随的不是身体伸出的部分，而是这一部分所指向的地方。值得注意的是，婴儿想要的并不只是客观的结果，即另一个人顺着他手指的方向看过去，帮他拿来想要的东西。换作是黑猩猩，能够实现这一目标会让它们感到非常满足。但婴儿想要的是在相互理解中进行有效的沟通，他们希望对方能够察觉到那里有他们感兴趣的东西，这是他们观察世界、思考世界的基本前提。

在一项科学研究中，认知科学家为两岁半大的幼童制造了一场"积极性误解"。在实验中，小家伙们向一个成年人索要一个物品。在第一种实验中，成年人表示他已经明白了一切，并把孩子想要的东西给了他；在第二种实验中，也就是"积极性误解"实验中，成年人假装误以为孩子想要的是另外一个物品，并且这个物品也在孩子所指的方向，他告诉孩子不能拿那个错误的物品，并把正确的物品交给孩子。所以，孩子最终还是得到了自己想要的东西，虽然帮助者误解了他的意思。不出研究人员所料，孩子对于这种情况并不满意，他向成年人表明他弄错了。他们不仅想要拿到正确的东西，还希望被正确地理解。托马塞洛解释说："这表明，他们既有获得目标物品的意向，也有与成年人成功沟通的意愿，并且将沟通视为达到目标的手段。"

所以说，人类的沟通是具有合作属性的。无论你想要的是一张前往国外的车票，一个用来修理烤面包机的奇怪零件，还是网店购物的保修单，即使得到了想要的东西，但是被人误解，心里还是会不舒服。你想去解释你实际上想要的是什么，想要的原因、方法和地点。叙事者不仅希望自己的故事被听到，更希望自己能被理解。

18. 共享的意向性

上文所述的联系无不具有深远意义，它们构成了人类文明的基础，促成了语言、航天器、互联网的发明。灵长类动物也具备意向性，但是只有人类会在与他人的交流中分享这种意向性，并且希望对方也能与他们分享。学术上将此称为"共享的意向性"，这是一种齐心协力的团结行为，是一种交流与互动，在互动中形成"我们"。我已经在《我们和我们之所以为人》一书中详细描述了这些联系，在这里再次提及，因为它们对于语言和叙事的发展是不可或缺的。

举一个经典的例子：与人同桌用餐时，别人请你帮忙拿一下盐，你若拒绝，他肯定会因此受伤——前提是，你注意到了他，他的语言传达出的请求清晰且没有歧义，你听到了他说的话，正确理解了他的请求，并且你双臂健全，拿得起物品。你能够自然而然地思考对方的意图，理解共同的目标，因此你的礼貌姿态是可以被预见与期待的。这是人类生存的重要部分。在日常生活中，这类事情太过稀松平常，以致往往会被人们忽略。但是在一个微小的请求中隐藏的是人类存在的核心，即人类之所以为人的根本。大家坐在一起的动作，用来呼唤对方的称呼，交流过程中所使用的语言，这一切将帮助者和受助者联结成"我们"。

19. 是什么造就了散步

两个彼此并不相识却恰好在人行道上并肩行走的人，看上去就像是在一起散步。这两个人肯定有很多共同之处，比如同时走在同一条窄巷里，都不得不放慢脚步，彼此会简单地相互协调。

如果他们中的一个蹲下来系鞋带，另一个人可能会注意到他，但是不会停下来等待。

但是两个相约同行的人就不一样了。他们目的地相同，以"我们"这一整体一起行动，一起逛街。如果其中一个要系鞋带，另一个人会等待，甚至可能会帮他拿过手中的购物袋。"我们"的意图将两个人联系在一起，关于这一点，加州大学尔湾（Irvine）分校的哲学家玛格丽特·吉尔伯特（Margaret Gilbert）在她的论文中描述得更为精确："此时意图和行动的行为者是复数的'我们'。如果'我们'中的其中一人突然停下来或是转过身去，这将是一种对交际惯例的严重违反，当然会造成不愉快和不知所措，另一个人可能会问：'发生了什么事？我们不是要一起去散步吗？'"

共同的意向性是"我们"的核心，也是群体和合作交流的核心，人们借此达到共存的目的。因此，有些科学家也将"我们——意向性"理解成人类认知的决定性心理平台。一旦这一平台得到发展，我们离跨越广阔空间和时间的伟大文明结构也就不远了。因为社会可以说是由共享的意向性组成的，这些共享的意向性可能是绝对公开的，也可能是私密隐蔽的。"往更大的层面上看，我们甚至可以发现，通过这种共享的意向性，我们赋予了很多东西新的特质，比如将纸变成钱，或者将一个普通人在制度框架内变成总统。"根据托马塞洛的说法，人类能够通过共享的意向性的行为相互交流，他们的社会互动因此才会源源不断产生新的特质。

20. 千斤顶效应

"我们——意向性"，即合作性的沟通，是语言和叙事的起源，但也不仅仅是语言和叙事的起源。随着"我们——意向性"的出现，很多技术设备的发明和发展也水到渠成。因为从人际关系中产生的心智化模式也可以促进工具的发展，所以工具文化不仅具有很大的可能性，而且可以说是必然的结果。

据推测，大约在二百五十万年前，非洲原始部落的一个史前人类第一次敲击石头时，很可能有另一个人坐在他身边看着，试图理解他的意图。下一次，当他们两人拿起锋利的石头从被猛兽咬死的动物身上刮下碎肉，并敲开骨头时，第二个人突然灵光乍现，想到了改进工具的妙招。他坐下来，动手实现想法，第一个人坐在他旁边，给他提出建议。这时，两个人便拥有了共同的意图，即他们的行为所服务的想法。他们的孩子也在一旁，看着他们敲敲打打，孩子们在日复一日的观摩中也知道了哪种石头适合用来做工具，该怎么抓握工具，哪些位置可以用力敲打，哪些位置则需要小心。孩子们遵循父辈的意图，不仅学习父辈的技术，也承袭父辈的思想。

孩子们虽然踩着父辈的脚印前进，但他们有一个关键优势：他们不需要发明新的工具，只需要在祖先创造的工具的基础上进行工艺革新即可。为了做到这一点，简单模仿已经成型的工具是不够的，他们需要把握其背后的意向性。他们问自己："这个工具为什么被制作成这个样子？制作者是出于什么目的制作它的？"

基于此，他们稍加修改，得到了自己想要的工具。只有共享的意向性才能实现发明的积累、文化的积累，这就是"千斤顶效应"（Wagenhebereffekt）：每一次用力地转动，都能使千斤顶的绞盘往上升一点，而棘轮又会防止绞盘回落到一开始的高度。

这一理论适用于不同的历史时期，而且跨越了极大的空间距离。正如托马塞洛对儿童的描述："新的理解能使他们经历文化学习的过程，内化他人的观点，进而将自己对世界的理解与他人对世界的理解结合，而他人的观点和理解有时体现在远古或远方的人们所创造的物质工具和象征工具中。"

21. 工具也存在意图

确实有一些发明家特别具有创造力。但是，世界上没有任何一种文化资产由个人或者单个团队创造后，便永远定型，相反，它是一个逐步发展的过程，许许多多的发明者前赴后继地参与其中，奉献自己的能量。随便举个例子，计算机、汽车，乃至一把普通的锤子，都经历了千变万化才最终成为我们今天看到的样子，工人们不断思考如何改良，做出改变或者调整。在这一过程中，他们成为具有共同意图的认知集体，他们中的每一个人都将自己放在前人的位置上，思考前人为何会对某个螺丝钉、弹簧或金属螺旋做此设计。

身为一个文化圈的一部分，意味着了解这种文化中物品所蕴含的意义，由于我们每个人对自己的文化资产都太过熟悉，所以通常情况下，意向性的迷人之处隐藏在日常生活中。然而，到陌生的国度旅游，陌生环境中的文化魅力又会即刻体现出来。参观文化历史展览的人可以感受到。也许人们无法一眼就看出一个手术工具是用来做什么的，但是这个问题会时不时在他的脑海里冒出，因为他本能地想去理解制造者的意图。工具的长柄、球形旋钮、螺纹和弹簧，代表了知识。一代又一代的工具制造者设计出奇怪的刀刃和不合常理的弯曲角度来为人们治病。他们一次又一次地发现，改进工具能把工作做得更好。

一个工具的意向性不能被一眼看出，而需要像解谜一样猜测，才格外吸引人。比如汽车安全带或平底煎锅，设计者在设计时，脑子里究竟在想什么呢？

人类世界是一个共享意向的世界，或者说得更明确一点，是一个尽人皆知的、全面而彻底的意向性世界。道路是一种意向，有人想在那里开车；房子是一种意向，有人想住在里面；乐器是一种意向，有人想向它吹气或按下键盘让它发出声音。这些功能所有人都知道。人类有个特点，希望从所有地方都能辨认出意向性，哪怕是客观上不存在意向性的地方：在高高的山顶上，在遥远的月球上，在深不可测的海洋里，在荆棘密布的丛林里。人感受到挑战，所以想要攀登高峰，想要乘风破浪，想要去未知的地方探索陌生的生态系统，想要冲出地球到太空中去。人类如果不相信自己受到未知的召唤，就不会脚步遍布全球。还有，人感到自己在被神明注视着，神明降下蝗灾或极端旱灾来惩罚人类，从而使人类回到正确的道路上。而且人类觉得自己必须叙述这些事情。

22. 合作催生了象征性思维

"我们——意向性"不仅是建立工具文化的决定性前提，也是在声学信号的基础上发明语言的决定性前提。一旦人从根本上获得了认知能力（在一个共同的经验下建立一个共同的意向性，同时用动作吸引注意力和给予暗示），下一步就不远了。指示动作有了声音的补充，声音的作用越来越大，逐步替代了动作的作用，比如有些人说话时会激动地手舞足蹈，但是他的声音仍然起主导作用。例如，一个人指着一处水源，表达的意图可能是饮水解渴、洗脸洗澡、埋伏在灌木丛中等待猎物。如果他在做出这个动作时嘴里发出"啊——哇"的声音，哪怕他离营地很远，这声"啊——哇"也能传到营地中同伴的耳朵里，唤醒他们曾经共享的经验，通过心智化的过程让它再次出现，只不过这次是作为想象的共同经验出现。说话者将手放到嘴边，意味着他口渴。他喃喃自语"啊——哇，饮——渴"，可能意味着他必须喝点水。而如果他指着自己行动不便的父亲说"啊——哇，饮——渴"，可能意味着父亲口渴了，需要有人递给他一些水，因为父亲自己没有办法走到水源边去。另一种情况是，如果他说出这个词时，手里拿着长矛，可能意味着他想要去水源边埋伏，等待猎物出现。关键在于，这种表达方式不是这个人单独发明的，也不是仅仅他一个人这么说，而是整个部落或者氏族有一套共用的完整的声音系统，每个"我们——意向性"的参与者都可以理解。

　　上述关于声音的例子很明显是虚构的，但是这样的过程不无存在的可能。通过声音代替动作，并将自己从真实的共同经验中脱离出来，展示那些不在眼前的事物或过程，只不过展示是在脑海中进行的。正如托马塞洛所说，语言的起源是指向性动作。这两者得以发挥效果，很大程度上依赖于"我们——意向性"提供的必要的和决定性的心理平台。如果简单的交流被置于一个想象的框架中，脱离直接的现实，那么我们可以将此视为第一个叙事的诞生：你想知道那是什么样子吗？

　　今天，来自不同文化背景的人们对动作的理解仍然是相似的，肢体动作在全世界范围内都是一种重要的交流手段。因此，不同文化背景的人来到同一背景中，才能顺利分享自己的意图；在分享意图这一点上，他们别无其他选择。例如在意大利超市购物时，即使不懂当地语言，你只要说出"斯帕盖蒂"（意大利语为"Spaghetti"，"意面"的意思）这个词，然后用拇指、食指和中指做出"撒"的动作，店员就会来帮你磨碎硬奶酪。无论在世界的哪个角落，只要伸出食指，所有人都会明白，你在提出一个请求，请大家将注意力集中到某个东西或场景上，因为大家可能和你一样，觉得这个东西或场景十分有趣或意义非凡。如果你用手指向自己张开的嘴巴，世界各地的人都会猜到你想吃东西。如果你站在嘈杂的酒吧吧台前，挥舞手中的纸币，酒保立刻就"听到"你想要点酒水的意图。

23. 肢体动作孩童也能理解

观察一下儿童的认知能力，会惊奇地发现，他们在学会口语表达之前，就已经学会使用基本的肢体动作。婴儿在三个月大的时候就已经具有运动能力，他们可以伸出手指，做出肢体动作。不过要等到婴儿一岁左右，这种动作才具有交流意义，因为从九个月开始，婴儿才能逐渐理解他人是具有目标和意图的。这一点在之后关于儿童叙事的产生和发展的篇章中会有更多的详细说明。

大约在这一生命阶段，儿童开始和成人一样，会将注意力集中到某个东西或场景上。托马塞洛说："在这一过程中，婴儿开始创造共同背景，这一共同背景是沟通交流所必需的。"婴儿最晚在十四个月大的时候（可能更早），就具备了发展共同意图和目标的能力。例如，他们可以与他人合作解决问题，也开始理解和熟悉"帮助"是怎么一回事，又是如何进行的。托马塞洛说："成长过程中的时间脉络表明，早期的指向性动作实际上正是基于这些能力和意向性动机，如同人类交流的合作模式显示的那样。"

人类具有独特的能力，可以与其他人为了共同的目标分工协作，这似乎是人类在进化过程中、儿童在成长过程中可以掌握约六千种语言的先决条件。

24. gavagai 比喻

就连要理解文字意义的形成和应用，也唯有透过能凝聚"我们——意向性"的特殊群体才能办到。美国哲学家、语言分析学家威拉德·冯·奥曼·奎因（Willard Van Orman Quine，1908—2000）提出的比喻，清晰地说明了这一点。

一个人来到一个陌生的文化环境里，一只兔子从眼前跑过，当地人喊道："Gavagai！"单凭这个词，来访者不可能理解其含义。"Gavagai"是什么意思？是指兔子还是兔子的颜色？是指兔子奔跑的动作还是兔子的性别或年龄？是在建议别人对兔子做什么吗，比如追赶它？是在说明兔子应该做什么吗，比如赶紧跑开？还是说兔子代表了一个截然不同的关联意义？比如太阳即将升起，或者从追赶兔子的猎人跑来的方向，有一只大型猫科动物，你必须小心提防，因为它身上有危险的"Gavagai"？

语言所指的东西五花八门，然而，当语言被放在一个共同的背景下，就像被放在同一个剧院的同一个舞台上，共同的背景下此时存在着共同的意向，事情就会变得清晰明了。托马塞洛对奎因的比喻进行了修改，以说明这一点。假设在一个村子里，村民们要去抓鱼，他们从一个专门放渔具的小屋里拿来一个水桶和一根杆子，然后走到小河边，分别站在河的两岸，一人握住杆子的一端，让水桶停在中间，浸在河水中。来访的外地人知道他们在做什么，因为他之前至少参与过一次。

到了吃晚饭的时间，当地人抓起小屋前的一根杆子，指着它喊道："Gavagai!"这个来访者就会知道，当地人希望他去拿个水桶，一起去捕鱼做晚饭。此时"Gavagai"指的就是水桶。如果来访者到达小河边，当地人又对他说："Gavagai!"这个词可能意味着"拿"这个动作，当地人想让他再拿一个装鱼的容器来，因为先前的容器已经装满。不管是何种情况，只有在具体的情境下，才能从众多可能的解释中分辨出正确的那一个。托马塞洛说，儿童大部分的语言习得都遵循这一模式。

25. 第一对友善的夫妇

语言无疑是人类进化史中的关键一步，显而易见的一点是，语言在原则上将人类和动物区分开来。除了语言天赋，人类还有制造工具的天赋。智人创造的工具可以给生活带来便利，更重要的是，它们将制造工具的知识传给下一代，以便下一代可以继续制造和改良工具，或者创造出新的工具，这样，知识就一代代传承下来。然而，语言和制造并使用工具这两种天赋可以被看成是同一种天赋的不同外在表现，它们从根本上来说源自一种独一无二的认知能力，光是这种认知能力的出现，就足以召唤出上述两种天赋，这种认知能力就是"我们——意向性"，它从古至今一直是人类重要的心理基础。

"我们——意向性"的起源时间隐藏在进化进程的暗处。原因很容易理解，就如托马塞洛所言："基于某种我们尚不知晓的原因，在人类进化的某个时间点，多个个体能够在追求同一目标时具有共同的意图、共同的注意力和合作的动机，这些个体因此拥有了适应性优势……所有这一切几乎可以肯定是从互惠合作开始的，在这一过程中，人们帮助他人，同时也是在帮助自己。"

托马塞洛口中的"互惠合作"指的大概就是共同哺育孩童。群体发挥了托儿所的功能，这为后来心理平台的发展提供了社会平台，文化和语言也因此而生。

没有人知道语言出现的具体时间，科学家们仍在努力确定一个日期。二〇〇九年，某学术期刊激烈讨论一块史前人类化石，这块发现于埃塞俄比亚的化石展现出一些特殊的特征。这是一块始祖地猿（Ardipithecus ramidus）化石，他生活在四百四十万年前，身高一百二十厘米，体重五十千克，能够直立行走，脑容量为三百立方厘米，和黑猩猩差不多，但是他的犬齿已经明显变小。人类学家认为，这个迹象表明，其所在部落的男性和女性已经形成牢固的伴侣关系。

一副史前人类的遗骸是如何告诉我们这些事情的？灵长类动物在争夺雌性时，通常会露出犬齿，以威慑对手。如果雄性之间的竞争不那么激烈，那一定是因为它们有稳定的配偶，不需要做出龇牙的动作，强大的犬齿就变得多余，因而日益缩小。始祖地猿化石上的另外两个特征也表明犬齿的退化并非偶然，那就是，雄性和雌性的体型相差不大，以及雄性的颧骨更大。研究人员对此的解释是，这是为了迎合雌性的审美。

除了犬齿变小，这两个特征也能表明，雄性之间的竞争有所减少。雌性始祖地猿要找的是愿意和她一起照顾孩子的伴侣。法兰克福大学的古人类学家弗里德曼·施伦克（Friedemann Schrenk）解释说："在寻找伴侣时，雌性更看重吸引力，而不是攻击性。"如果推理正确，我们更应该称她们为"女性"，而非"雌性"。而无论怎么称呼，我们已经知晓人类配偶关系出现的大概时间，那就是四百四十万年前。

26. 第一个故事

可以假设，在这一时期，友好的史前人类第一次互相讲起故事，在山壁或自己身上作画，就像三万年前的早期现代人在法国南部的科斯凯洞窟（Höhle von Cosquer）[1] 里绘制壁画一样。他们也许还在孩子面前表演可怕的戏剧，看得孩子惊恐不已却又深深入迷。如果人类社会是围绕着合作抚养儿童发展起来的，那么最早的故事也一定出现在那些"托儿所"里，孩子们是最早的听众和观众。这些故事讲述的是什么？我们从何而来？好与坏的区别是什么？我们为什么要并肩同行？谁赢了谁输了？输赢是如何评判的？我们在世界上的地位是什么？未来有什么？我们该怎么做？……我们有理由相信，在这些故事和戏剧中，祖先、神灵和超自然生物也有一席之地，他们翱翔于天际，通过树木或其他植物与我们对话，从土地中生长出来。无论这些我们称之为"神"

1　潜水爱好者 1985 年在法国岸边潜水时发现的洞穴，其间有大量远古壁画和人类手印。

的生物带有什么样的使命，他们一定不会对人类置之不理。

从物种进化的角度看，这些最早的戏剧带来了很多好处。那些能把社会群体这个混沌世界中的相关问题以喜剧或悲剧形式搬上舞台的人，在表演戏剧时也培养了自己的社会才能。

二、"我"的剧场中的魔力

亲爱的莫里斯：

　　今天的儿童和青少年不分寒暑，无论昼夜，都坐在电脑前玩游戏，或在数字社交网络中潜水，教师和家长通常将此视为世界末日的标志。随着荧幕画面一起涌来的是僵化、孤僻和堕落。家长们忧心忡忡，最后给出的建议是让孩子去读"一本好书"。但究竟什么是"好书"，他们也说不上来。反正一般来说，印刷装订成册的书籍比电子书籍名声更好。二十一世纪，谁躺在沙发上忘我地沉浸在阅读中，谁就是老师的宠儿、教育的楷模，哪怕读的不是歌德，而是《哈利·波特》或《冰与火之歌》。

　　但情况以前不是这样。十八世纪末，看小说就像我们今天玩游戏和点赞一样，被认为是危险的瘟疫：它蒙蔽人们的心灵，对年轻人进行性诱惑，把他们变成醉生梦死的幻想家。举个例子，书商约翰·乔治·海因茨曼（Johann Georg Heinzmann）在一七九五年一月一日出版的《论德国文学的瘟疫》(*Über die Pest* der deutschen Literatur）一书中，就表达了自己对此的担忧。在书的序言中，他用古德语写道，自己再也无法坐视不管了，必须站出来敲响警钟。他认为，读小说会"在新兴的几代人中散播动物般的性冲动"。他斥责读小说会让大部分年轻读者脱离现实世界，"他们的灵魂会被抽离，陷入他人用想象力编造出来的极端梦境"。海因茨曼感受到这种情况对现有秩序可能产生的威胁，因为"小说瘾"会"在暗中让人和家庭变得不幸，它和法国大革命一样，会带来可怕至极的后果"。他所谓的法国大革命带来的后果，指的显然是雅各宾派的公开处决。

1. 毫无疑问，低俗小说贻害无穷

在小说出现初期，过度沉迷小说导致不幸在小说本身中也可以找到踪迹。西班牙民族诗人米格尔·德·塞万提斯（Miguel de Cervantes，1547—1616）的《堂吉诃德》（Don Quijote）实际上是对当时极其流行的骑士小说的模仿，嘲讽其模式化的人物形象和简单直白的故事情节。主人公是个悲剧人物，他阅读小说成瘾，放纵自己沉迷其中，对小说中描述的东西信以为真，以致发疯。

福楼拜（Gustave Flaubert，1821—1880）的小说《包法利夫人》的主人公艾玛同样阅读骑士小说上瘾，至少她的婆婆坚信，让儿媳妇生病的正是"低俗的垃圾小说"。但是艾玛生病的原因并非如此，而是她对自己的婚姻生活感到失望，她从小就怀有的希望从来不曾实现。艾玛十三岁时就被送进修道院，爱情小说是她了解成人世界的唯一信息来源：

> 那些小说里无非就是一些虐恋情缘，痴男怨女。贵妇总是孤身晕倒在凉亭，车夫总是在驿站换马时惨遭毒手，马匹总是疲于奔命。黑暗的森林永远映射出痛苦的心灵，山盟海誓永远离不开眼泪和热吻。轻舟荡漾在月光下，夜莺低吟于灌木丛，情郎集所有难得的美德于一身，英勇如雄狮，温柔如羔羊，衣冠楚楚，敏感多情。

艾玛的丈夫是一位尽职尽责的乡村医生，可惜两人的婚姻生活枯燥无趣似一潭死水。艾玛渴望得到更多的激情和浪漫，最终，她觉得自己在第一个情人鲁道夫身上找到了这些：

> "我有一个爱人！一个爱人！"这种想法让她陶醉，仿佛她第二次成为女人。她终于品尝到爱情的甜蜜，得到了早已不再期待的幸福。她即将进入一个奇妙的世界，在这个世界里，一切都是热烈的、兴奋的、狂喜的。她被浩瀚的蓝色天空包裹着……这时，她想起自己读过的小说中的女主人公，那些红杏出墙的女人在她的世界里用修女般曼妙的歌喉吟唱着，让她心神荡漾。年轻时漫长的黄粱美梦成为现实，她终于成为自己幻想中的一部分，成为自己曾经艳美的多情女子。

但鲁道夫没有兴趣与艾玛的丈夫夏尔体面地决斗，他也没有兴趣将自己的秘密玩伴公之于众，真正接纳她。艾玛的婆婆认为，沉迷低俗的爱情小说是灾难的根源，并想从这一点入手，终结家庭的不幸。因此，她"决定阻止艾玛继续读小说"。福楼拜略带讽刺地写道：

> 这当然不是一项容易的工作。这位善良的老太太肩负起将计划付诸行动的重任。在返回鲁昂的途中，她亲自去找租书铺的老板，明确向他表示艾玛不能再继续租书了。如果租书铺老板坚持继续他毒瘤般的事业，她难道没有权利报警吗？

十八世纪末和十九世纪的私人租书铺相当于今天的影音光盘租借店或互联网上的流媒体平台，租书铺定期向客户提供最新的读物。然而在文化批评家眼中，这些地方不是传播文学、教化市民的场所，而是鸦片馆、毒品店和妓院。当时有个词叫作"书虫"（Leseratte），指的就是独居陋室、两耳不闻窗外事、只会白日做梦的书呆子，好读书而不求甚解，在生活中一无是处。这个词在今天仍然是这一段荒谬历史的见证。

2. 人们为什么读小说？

在历史里转了这一小圈后，我们可以发现，人们读书，不是因为无事可做或无聊。自从广大民众能够接触到印成文字的故事以来，他们就开始阅读。今天，尽管电视、网络和电子游戏不断侵占有限的时间，人们仍然保持阅读的习惯。只要眼睛还能看，人就会一直阅读下去。牛津大学文艺理论家特里·伊格尔顿（Terry Eagleton）认为，阅读的动机很简单："绝大多数人之所以阅读诗歌、小说和戏剧，是因为它们读起来很有趣。这一事实太过显而易见，以至于在大学里几乎没有人提及。"

作为人类每一个行为基本动机的愉悦感，在长篇累牍的文学研究，特别是德语文学研究中，几乎没有受到重视。学术界感兴趣的是时间结构、隐喻、人物刻画或包括词场分析的语义统计，真正驱使作家去写、读者去读的因素却没有引起关注，而这一因素主要是：参与他人生活中的迷茫与纠葛、希望与期许、成功或失败所带来的愉悦感。书中所写的故事不管是杜撰的还是低级的幻想，对读者来说都不重要，毕竟真实的世界远比文学作品呈现的更为出人意料。

我们阅读的东西会以一种神秘的方式嵌入记忆。我记得护士珍妮·菲尔兹（她的名字我记不太清了，不得不去查了一下）利用了一个昏迷的士兵，让他勃起射精，并"借用"他的精子生了一个儿子，其名为盖普。后来，盖普的妻子在车内与情夫口交时咬掉了情夫的阴茎，因为他们的车就停在盖普的车正高速拐入的车道上。这一情节来自《盖普眼中的世界》（*The World According to Garp*）。

随着两车相撞产生的巨响，男性生殖器断裂、一个家庭破碎、盖普的生活被毁的情节，引起了悲喜交加的感觉。读者无不感到惊讶、厌恶、遗憾，并能体会到情景的诙谐，但是专业评论家不包括在内。托马斯·安兹（Thomas Anz）在《文学与欲望》（*Literatur und Lust*）一书中指出了研究的盲点。

古希腊哲学家伊壁鸠鲁（Epicurus，前341—前270）早就说过，万物的价值主要由乐趣与痛苦决定。他认为人应该摆脱痛苦和恐惧，消除没有乐趣之事。后来，伊壁鸠鲁成为基督教的批判对象。除了伊壁鸠鲁，古罗马诗人兼哲学家贺拉斯（Horace，前65—前8）在其影响了一代又一代作家的作品《诗艺》（*Ars Poetica*）中也写道，作家的任务是使人受益或带来乐趣，或者"说出对生命既有益又能带来乐趣的话"。长期在维也纳工作的作家和神经学家西格蒙德·弗洛伊德（Sigmund Freud，1856—1939）也强调乐趣原则。根据他的观点，人们会回避让自己不愉快的事，并努力追求带来乐趣的事，就连孩童也不例外。

我们读书，当然是因为阅读能够带来乐趣。难以消化的专业文献不算在内，它们也正因为此而受众不广。但是，即便我们能认识到乐趣可能是阅读的根本动机，也没有什么实际作用。为什么阅读能带来乐趣？为什么阅读带来的愉悦感仿佛一根甜美的巧克力棒带来的愉悦感，甚至和做爱、性高潮、激情爱抚相似呢？听故事、读故事，甚至自己讲故事，都能让你产生类似的鸡皮疙瘩。

3. 叙事有生物学上的优势吗？

我们十分意外地来到了生物学领域。无论是科学家还是普通人，试图从生物学的角度寻求乐趣问题或美学问题的答案，都是不多见的。文学属于文化的范畴，这样的分类至少在我们目前的语言使用中是有缺陷的，因为这说明文学是可有可无的，如有必要可以抛开，将财力和精力用在遗传学的研究上。文学是一种奢侈品，在困难时期人们无法负担。这种观念的历史可能比启蒙运动还要久远，但它大错特错。

正如上一章所述，讲述他人的故事，描述发生在他人身上的事情，不仅仅是人类最古老的行为模式之一，也是人类之所以成为人类的原因。即使在历史上最绝望最黑暗的时期，人类也从未停止叙事。叙事从来不是多余的、可有可无的。它可能看起来如此，因为叙事就像空气一样，一直存在于我们周围，因而被忽略，我们叙事，就像呼吸一样自然。回顾历史，你会发现，越是在困难时期，叙事就越多，所述的故事也越具有创造力。而且，困难时期本身就是人们爱听的故事题材。

语言是群体生活的产物，在其出现早期，语言基本上就等于叙事。因为，除了交流群体成员的性格特征、意图和情绪信息之外，它还能做何用处呢？当然，关于食物的信息也很重要。哪里有水源？哪里会出现一群野马？采取什么策略捕马成功率最高？但无论是早期还是现在，叙事是为了调节群体中的复杂关系的。谁下达命令？谁执行命令？谁看守营地？谁一同外出？谁有什么样的情绪？谁正暴跳如雷，需要小心对待？

叙事能够削弱攻击性，能像闲聊一样建立联系。这与猩猩梳理毛发起到的作用相当，只不过效率更高。猩猩一次只能给一名同伴抓虱子，而人可以同时与很多人交谈。

叙事将群体凝聚在一起，叙事的地点是营地的篝火旁，还是去水源的路上并不重要。谁的故事更有意思，谁能把故事讲得更引人入胜，谁就能聚集更大的群体，建立社会，创造使用工具的传统，甚至创造出可以延续千年的文明。霍皮印第安人（Hopi-Indianer）有句谚语：会讲故事的人统治世界。叙事能够带来快乐，这只是一个感官上的额外作用。我们喜欢叙事，因为它是生物学上正确的、对我们有益的事情，或者说数百万年前是如此。如果我们连对生存有益的事情都提不起兴致去做，那可就有大麻烦了。

当然，这种叙事是数百万年来的趋势和长期以来形成的行为模式，而非个体行为。人们可以放弃生儿育女，可以放弃摄入食物，比如出于政治原因绝食抗议，甚至可以在看不到生命意义的时候，选择放弃生命。

但是他们能做到放弃叙事吗？或者，有人会自愿放弃叙事吗？可能有人会说，一些僧侣会偶尔沉默不语，甚至永久禁语。但是，不语的僧侣只是不和他人言语，他们并没有放弃与自己沟通，更不会放弃与他们信奉的神明沟通。

因此，在以叙事为线索的编年史中，所谓的书虫或者讲故事的人并不是没有体力逃离狮口的羸弱书生，而是洞察人类心理的专家，是智者，是圣人。他们一直在苦苦思忖团结共存的问题，将其见解和发现告诉族人，或写下来供后人参考，使后人能从中获益。几百万年来，人类生存的最重要环境不是自然环境，而是他们自己的氏族。因此，人类需要懂得设身处地为他人着想，考虑他人不同的动机和性格，以及彼此之间的关系。除此之外，人类还应知道自己在这个复杂群体结构中的位置，最好再制订出一些关于未来的计划。

4. 阅读是学习，同时也是娱乐

叙事研究者及认知心理学家基思·奥特利（Keith Oatley）和雷蒙德·马尔（Raymond Mar）采用进化论研究叙事。他们相信，讲故事不仅仅是为了娱乐，也不仅仅是为了享受真善美带来的愉悦感而脱离真实世界；讲故事不仅仅是堆砌辞藻的文学手法，也不仅仅是可有可无的附属品。相反，他们认为，叙事是对现实世界的模拟，通过讲述他人的故事，我们可以获得沉淀浓缩后的精简版的社会经验。

读者坐在火车上或躺在沙发上，无须亲身经历就能学习到各种经验，当然有些经验也无法亲身经历，例如一位口吐烟雾的金发女郎登门拜访私家侦探马洛，菲利普·马洛 [1]。阅读不会让我们

1　菲利普·马洛（Philip Marlowe），美国作家雷蒙德·钱德勒《长眠不醒》（*The Big Sleep*）等侦探小说中的人物。

变得不谙世事或胆小羞怯，而是能够"训练我们对人类意图和目标的理解，加强社会技能，深入窥探人的本质。"奥特利如是说。他自己也写中短篇小说："那些进入了小说描绘的想象世界的人更容易设身处地从他人的角度思考问题，并且能在这一过程中提升共情能力。"

5. 大脑里面无从窥视

小说为什么会帮助人们了解彼此，因为正如德国剧作家格奥尔格·毕希纳在《丹东之死》中抱怨的那样，我们的脑袋上没有窗户。深深注视对方的眼睛，可能能够稍稍了解对方大脑里正在思考什么，但是也很容易被迷惑，产生误读。一个人嘴上宣称的、一口咬定的内容可能体现了他内心的感受、意图和计划，但是语言同样可以掩盖事实、声东击西、让人注意不到本质。因此，人类长期处于一种不安的状态，这并非人类的错。和猿类完全不同，自人类成为共同哺育者，创造出伟大的社会和文明以来，这种不安就作为生存的基本状态一直存在。

在黑暗混乱的时期，叙事俨然是指点迷津的罗盘，只要人们愿意，故事可以是社会共存中天然的大脑扫描仪。当然，这种精心设计的仪器只能带来不够准确的模糊影像。此外，故事预测他人或整个群体未来可能的计划和走向，这一预测常常会得到应验。故事中的主人公有一个优点，那就是只有他们是我们真正了解的人物，我们对他们的了解甚至胜过对自己的了解。法国作家马塞尔·普鲁斯特（Marcel Proust，1871—1922）在其具有划时代意义的鸿篇巨制《追忆似水年华》中，透彻地表达了这个特点：

> 只有在文学中，我们才能走出自我，了解他人在这个世界里看到了些什么，他人的所见对我们来说宛如月球景象，无从认识。

不过，读者通过故事不仅仅得以进入社会其他个体的内心生活，还能够整理自己剪不断理还乱的思绪，形成关于个人经验和遭遇的观点。这一点，也没有逃过普鲁斯特的天才之眼：

> 实际上，每个读者在阅读的时候，都是在阅读自己。作家的作品不过是作家送给读者的某种视觉工具，让读者能够认识到那些如果没有这本书可能就无法在自己身上看到的东西。

阅读能够帮助回答很多问题：人有多面性，是自我意志的集合，其意图和计划并非明显可见的；研究不同自我意志间的互动，有助于在社会中找准自己的定位。我的目标是什么？我可以接受何种动机？谁的行为是正确的？思考这些事情，就是在洞察事实。与此同时，他也像看着镜子一样审视自己的问题。

6. 读小说就像是在模拟飞行

叙事心理学的最新研究与传统的文学研究无太多关联，它也远远超出市民阶层的教育理念，即阅读可以扩大词汇量，提升语言能力，开发智力。

奥特利和马尔指出了阅读小说的特殊意义，简单地说，小说这种文学形式展现的是社会行动者在一个较长时期内的互动，其中，无论是行动者的行动还是行动者本身，都在不断发展，因此小说可以帮助人们训练社会触角。两位学者在一篇论文中写道："我们认为，人们非常善于理解事情一件接一件发生的简单过程，却不太擅长理解这些过程中人与人的互动。模拟他人和我们自己头脑中正在发生的事情，能帮助人们更好地理解错综复杂的社会系统，即群体中的人和他们在群体中的行为，从而为解决上述难题提供思路，让人们在群体中的行动更加自信。"

奥特利和马尔将上述情况与大气中的混乱状况进行了类比。几个世纪以来，人们可以测量湿度、温度、压力的数值，但无法确定明天会怎样。我们知道，风会从气压高的地方吹向气压低的地方，但是加上地球自转、山脉或冰河阻隔、风暴肆虐等条件，会发生什么呢？为了搞清楚这些，气象学家建立数学模型，使用大型计算机测绘气象图，再据此做出预测。虽然预测的准确性往往不尽如人意，但是已经接近现实，所以是不可或缺的。

阅读小说也有点像模拟飞行。我们坐进飞行模拟器，立刻感觉身临其境——这也正是"模拟"一词的含义——各种屏幕、电机系统和电脑可以模拟真实世界中穿越大气层的运动。机械师可以模拟发动机故障、尾翼断裂等突发情况，也能模拟飓风、下沉气流和暴风雨等自然灾难。小说的作者操纵书中情节，就像机械师操纵飞行模拟器一样。他将读者与书中人物的意图联系起来，使读者完全进入他创造出的世界，而不去考虑如何干预和阻止情节的发展。模拟飞行器中的飞行员手握方向盘，全身心投入。他要想尽办法迎接挑战，而不是任时间不断流逝，坐以待毙。坐进叙事模拟器中的读者会自动成为屏幕投影的一部分。作为一个非常配合的沟通者，他将自动接受书中人物的意图，并付出真情实感。叙事模拟器带着读者，沿着人物的人生道路向前飞行，让读者激动得冒汗或欣喜若狂。

关键一点是，故事一定会有一个圆满结局。即使情节中状况百出，危机不断，灾难肆虐，仍然会出现能让人物力挽狂澜的机遇，一切都有回到正轨的可能，因为模拟飞行器不可能让你坠机。模拟飞行员在完成模拟训练后迈出机舱，读者读完故事就合上书本，迈进厕所。模拟飞行没有任何危险，所以十分实用。

叙事的最大价值就出自这种中间地带。叙事提供可以观看的经验，也提供美国社会学家托马斯·谢夫（Thomas Scheff）所说的"理想的审美距离"：读者沉浸在虚构的情感世界中，为它着迷，能够体验并思考，但是又不至于让阅读体验完全占据自己的大脑，淹没在因羞耻和愤怒汹涌而来的复仇情绪中，腾不出思绪去思考其他事情。而在这种中间地带，无论书中人物是第一视角的"我"，还是上帝视角的"他"，读者都能与其情感产生共鸣，但是又不会沉沦其中无法自拔。阅读以一种特殊的方式让人从中获益。

正如法国诗人德尼·狄德罗（Denis Diderot，1713—1784）所言，叙事允许一切以极其浓缩的形式快速发生。塞缪尔·理查森（Samuel Richardson，1689—1761）的代表作《帕梅拉》（*Pamela*）被认为是英国最早的小说之一，放在今天会是当之无愧的世界畅销书。狄德罗读完这本书后写道："我在短短几个小时里经历了最长的生命也无法提供的诸多经验。"

7. 爱的教训

社会现实（social reality）对人的意识，特别是人的精神能力提出了全面的挑战。一对男女互相倾慕，我们可以很明确地推断接下来会发生什么：结婚，拥有共同的住房，孩子，家庭生活，金婚，或者现代社会里更容易出现的情况———一地鸡毛和离婚收场。这些过程中自然有很多小故事。

但是如果这对恋人来自两个有血海深仇的家族，故事从一开始就会让观者兴奋。这对恋人的死亡化解了家族间的恩怨，让他们认识到彼此的矛盾和敌意毫无意义，这不仅具有教育意义，还能引发人们思考，究竟什么才是生命中真正重要的东西。对于观者来说，这个故事也是出精彩的伟大戏剧。我们认同天真的恋人，为家长间的敌意摇头叹息。我们和一些人物一起欢呼，和另一些人物一起哀悼。发生在我们认知范围内的模拟将我们带入故事，使我们与角色融为一体，被喜悦或忧虑的情绪感染，促使我们回顾自己的经历，反思自己的行为，最后提出根本性的问题：恋人们在选择伴侣时完全无视家人的意见，真的是对的吗？我若是处于这种境地，该怎么做才能不在这场对我来说不可理喻又毫无意义的愚蠢争端中失去爱情和生命呢？

发生在外部世界的事情，也在一个人内在的精神舞台上上演，但是稍有不同。如果人们没有这样的内心舞台，媒体行业就不会存在。我们与故事中的人物一起经历风雨、分享喜悦、同甘共苦，一起焦急地期待某件事情的结果，一起紧张，一起沮丧。我们分享人物的目标，借鉴他们的视角，考虑如果类似的事情发生在我们自己身上，该如何应对。我们根据道德观念评价他们的行为，好人失败和坏人得志，都会让我们心灵震颤，因为我们更期待相反的结果。我们会获得友谊，哪怕已年逾古稀也能像孩子一样感到安心。科学家已经确认，故事广泛地解决了读者（以及观众和听众）的社会需求和感受。

8. 叙事实验

我所说的模拟理论与其他理论的区别在于，它是可以通过实验验证的。叙事、小说和故事对人类的影响，借助心理学的科学工具变得可以测量。这无疑是件好事，因为作为群体一员的思维策略推动了人类的形成，深刻塑造出今天的文明，而现今却被错误地归到娱乐的标签下。

　　奥特利和马尔于二〇〇八年提出他们的理论时，已经有大量来自心理学研究的支撑性证据。例如，在一项研究中，马尔分析了短篇小说对思维的直接影响。他将约三百名学生分成两组，让一组阅读一篇短篇小说，另一组阅读杂志上的一篇新闻报道。然后他要求被试者解答两个问题，一个是逻辑问题，另一个是人际关系问题。结果很明显：阅读短篇小说的被试者在人际关系问题上表现更好；在逻辑问题上，两组被试者的表现没有太大差异。

　　马尔对这一结果的解释是：读小说能够提升读者在微妙的社会关系方面的敏锐度。心理学家将这一效应称为"启动效应"或"铺垫效应"（priming effect），这是一种大脑激活和感知敏锐化效应。奥特利评注："即使只是一篇短篇小说，也足以改善同理心，至少可以暂时改善。"

　　在另一篇论文中，两位学者与他人合作，分析了小说阅读量对人际交往才能的影响。首先，他们让受试者填写调查问卷，统计他们阅读过多少本小说和非小说类图书。为避免受试者为了彰显博学而提供不实数据，研究人员采用了"作者识别测试"（全称"Author Recognition Test"，缩写为"ART"）。在这项测试中，作者的名字被混在从电话簿中随机挑选的名字中间，受试者要在他们认识或认为自己认识的作家名字上打钩，不管是从报纸评论、电视报道中得知，还是自己读过的作家名字。能在这项测试中获得高分说明你认识不少作家，至少听说过不少作家的大名。一般来说，"作者识别测试"的结果能够客观反映出一个人的知识水平。

做完作者识别测试，受试者的下一个任务是判定照片中人物的情绪：他们是紧张的、戏谑的、自信的，还是满怀渴望的？然后，他们还要判断一部短片的人物关系。结果显示，阅读小说越多的人，在这两项社会学测试中的表现越优异。可惜这项研究的参与者只有九十四人，样本较少，并且也没有具体解释会出现此结果的原因及其影响。可能成绩优异的受试者在阅读小说之前已经拥有判断人际关系的天赋，并且这项天赋也是他阅读大量小说的原因。也就是说，他不是通过阅读磨炼自己的社会才能，而是因为具有社会才能才大量阅读。

在第二次测试中，奥特利和马尔增加了受试者人数，并且只要求受试者参加判断照片中人物情绪的测试，这些照片展示的画面集中在人的眼睛区域。他们将受试者的主要人格特质（即几种人类基本性格特征：情绪稳定型、开放型、谨慎型、外向型和随和型）纳入考虑因素。开放型的人的测试结果比其他人的更好，但这并不是因为他们对其他人更加感兴趣。研究人员对测试结果进行校正，减去开放性格对结果的影响。结果仍与前一次测试相同：那些小说阅读量大的人，对于他人的判断更加准确，也不会因为对某个人缺乏兴趣而判断错误。

9. 性格转变

通过另一个短篇小说实验，奥特利团队检测到性格的转变。心理学家让第一组受试者阅读安东·契诃夫（Anton Tschechow，

1860—1904）著于一八九九年的小说《带小狗的女人》，这部作品被作家弗拉基米尔·纳博科夫（Vladimir Nabokov，1899—1977）誉为有史以来"最伟大的故事之一"。

小说讲述了无聊好色的银行职员德米特里·古罗夫和年轻女子安娜·塞尔盖耶芙娜的故事。两人各有家室，邂逅于雅尔塔疗养院，并在那里发生了男女关系。当安娜被生病的丈夫叫回家时，德米特里也回到莫斯科的家中。两人都希望迅速忘却这段微不足道的外遇，但是德米特里发现，他与安娜的相遇让自己发生了改变，于是前往安娜位于 S 市的住处。他们深深相爱，但是由于各自的婚姻和保守的社会风气，只能偷偷发展地下恋情。

第二组受试者阅读的是一篇离婚诉讼报道，报道的作者是奥特利团队中的一员，他精心设计，确保报道中的事件与契诃夫小说中的事件如出一辙，甚至连遣词造句也十分相似。

在对人格特质进行评估后，他们发表了三点结论：第一，契诃夫小说的读者比清醒的法庭报道的读者变化更大。奥特利说："变化不是特别巨大，但是足以被测出。"第二个值得注意的地方在于，并不是所有的读者都朝着同一个方向改变，因为每个人感知故事的方式不同，所以他们的改变也有鲜明的个人特点。这一发现可以作为强有力的论据，用来驳斥文学普遍具有宣传性或操纵性的说法，因为如何看待所读内容是读者自己决定的。第三点，也就是最后一点是，读者在阅读过程中的感受越强烈，其变化就越明显。能够融入故事情节、对人物投入情感特别多的人，受到的触动更强烈，哪怕触动持续的时间并不长。不过，研究人员并没有进一步跟踪这种影响能持续多久。

上述第三点也在阿肯色大学心理学家马克·塞斯蒂尔（Marc Sestir）和布法罗大学的梅拉尼·格林（Melanie Green）的研究中得到证实。他们选择了四部电影：《我为玛丽狂》(*There's Something About Mary*)、《搏击俱乐部》(*Fight Club*)、《美国精神病人》(*American Psycho*)和《天使之城》(*City of Angels*)。他们从每部电影中剪辑出一个两分钟的片段，将这些片段展示给一百一十八名学生。一部分学生收到指示，观看影片不要忘记自己是个中立的旁观者；另一部分学生则被要求尽可能地将自己融入剧情，"把自己当成主人公"。

看完影片后，受试者必须以最快的速度从连续出现的十九种人格特质中，选出最符合自己的那个。结果显示，当某个与自己和片中角色都相适应的特质出现时，受试者的反应最快，而如果某种特质只符合自己或片中角色，他们选择的速度明显要慢一些。根据塞斯蒂尔和格林的说法，影片激活了观影者个性中他们自认为与电影角色相同的部分，换句话说，读者或者观众滑入了影片角色的个性中，但又没有全盘接受，因此他变得有点像片中的角色，又保持着自己原有的性格。

10. 我成了哈里森·福特

汤姆·特巴索（Tom Trabasso）和珍妮弗·钟（Jennifer Chung）研究了受试者分别在观看两部不同的电影时对片中主角的认可

程度，包括《迷魂记》（*Vertigo*）——由阿尔弗雷德·希区柯克（Alfred Hitchcock）导演，詹姆斯·斯图尔特（James Stewart）主演，以及《银翼杀手》（*Blade Runner*）——由雷德利·斯科特（Ridley Scott）导演，哈里森·福特（Harrison Ford）主演。他们将受试者分为两组，在放映每部电影时都暂停了十二次，在暂停时询问第一组观众，主角在这个时间点的处境是好是坏，并让第二组观众描述自己此时的感受。每当一个小组看到詹姆斯·斯图尔特遇到麻烦（例如，当他在楼梯上挣扎、头晕时），另一个小组会说他们感到恐惧、沮丧或悲伤。当哈里森·福特爱上肖恩·扬（Sean Young）饰演的瑞秋时，第一组将此评价为积极处境，第二组则表示他们感觉到紧张、幸福和喜悦。这表明叙事和观众之间出现了共鸣，步调一致地出现各种感受。人们会有同理心，尽管他们只是他人生活的旁观者，并未直接参与，但是能产生和对方一样的感受。同理心不仅针对现实世界中真实的人，对胶卷上的影像、数字建构的人物或绘制在纸张上的人物，甚至不是人物的红气球也能产生同理心。

触发共鸣的门槛其实并不高。我们对一个人越熟悉，越能产生认同感。年龄相仿、生活处境相似的人之间更容易产生共鸣，他们更能理解对方的困境。如果某个故事的主人公总是诸事不顺，我们比较容易站在他那边。这是否可以理解为读者的同情心和助人之心呢？

11. 女性的认同感更为灵活

在接受他人观点方面，性别也扮演着重要的角色。奥特利等人在研究中发现了一个有趣的现象：女性对于故事中的男性和女性角色有着同样的认同，而男性基本上只会认同男性角色。

在一项研究中，奥特利和同事安吉拉·拜尔森（Angela Biason）让高中生读两篇短篇小说：艾丽斯·芒罗（Alice Munro，1931— ）的短篇小说集《快乐影子之舞》（*Dance of the Happy Shades*）中的《红裙子，1946》（*Red Dress, 1946*）和卡森·麦卡勒斯（Carson McCullers，1917—1967）的《萨克》（*Sucker*）。两篇小说都涉及自我身份的认同，芒罗笔下的主人公是一位女性，麦卡勒斯则选择了男性主人公。这两个人物的年纪都与受试的学生相仿。两位心理学家请学生读完小说，并在阅读之前告诉他们，在感受到情绪时用笔在旁边写下字母"E"，也就是"情绪"（emotion）；在脑海中出现回忆的时候写下字母"M"，也就是"记忆"（memory）。通过统计读者写下字母的数量，可以直观地看出，男性读者对男性角色的认同感更强。这种性别偏差在女性身上不明显，不管主角是男是女，她们都一样会产生共鸣。因此，女性可以同时采纳两种性别的观点，男性则不然。这一点也许可以运用于广告行业。

12. 阅读实验室中的道德规范

来自荷兰乌得勒支大学的心理学家耶米贾恩·卡克穆德（Jèmeljan Hakemulder）提出一个假设：人之所以能够产生同理心，进而对各种情况更加包容，是因为将自己放在了故事中人物的立场上。他后来以"道德实验室"（The Moral Laboratory）为名出版的博士论文记录了这样一次实验：他请两组学生分别阅读两篇不同的文本，一篇是阿尔及利亚作家马利卡·莫克德姆（Malika Mokeddem）的小说《流离失所》（The Displaced），讲述的是阿尔及利亚妇女的生活。故事的主人公名叫苏丹娜，她常年生活在巴黎，为了参加葬礼回到北非的家乡。她刚抵达，就被一个男人骚扰了。从那之后，她被禁止参加葬礼，而她并未遵守，从而导致了后续的一系列麻烦。

另一篇文章来自记者贾恩·古德温（Jan Goodwin）的随笔《荣誉的代价》（The Price of Honor）中的第二章。这篇文章没有对某个个体的经历进行描述，而是从更宏观的视角探讨阿尔及利亚妇女受歧视的问题。两组学生的阅读感受表明，不管文本提供的相关信息如何，单单是文本形式就已经使内容的影响力有了区别。文本是宣泄情感类的，还是冷静纪实类的，会左右读者的接受度。阅读了小说的学生显然更加不能接受宗教主义带来的性别不平等。

第二项实验也得出相似的结果。这项实验中的两组受试学生在阅读莫克德姆的小说时，分别有两个不同的任务。第一组被要求特别注意文本结构，并将自己的发现写在空白处；第二组被要求尽可能地把自己代入主角身上。结果表明：从文本分析的角度阅读小说的人，对主角的认同感较低，对文中所述的歧视现象的感触也较浅。

卡克穆德的实验足以证明，对读者的感知和认同产生影响的，除了文本类型，还有读者阅读文本的角度和态度。

那些并不将文中描述的情绪当真的人，或者压根儿没有察觉到这些情绪的人，就可以免受情绪的影响。此外，第二项实验还表明，读者阅读效果的差异并非仅仅源于文本的差异，也源于读者个体感受的差异。同一个故事，有些读者会认同其中的人物，有些读者则无法认同。在阅读时，读者拥有完全的自由。

在读过安东·契诃夫和詹姆斯·贝蒂（James Beattie，1735—1803）的小说后，男性甚至开始重新思考自己对于出轨的态度。奥特利和马尔发现，如果情势对女性不利，男性会开始反省，他们的态度"会朝着一个似乎更加合理的方向改变"，哪怕他们所读的故事已经有一百多年的历史。

13. 同理心的不确定性

正如在现实世界一样，我们对从媒介中读到或看到的人物的同理心不是自动产生的，而是受到多种因素的影响。读者很难对纪实报道中的人物产生共情，他们会对着重刻画人物的心理感受、讲述喜悦或恐惧的文学故事产生更多共鸣。但是，华盛顿与李大学（Washington and Lee University）的文学评论家苏珊娜·基恩（Suzanne Keen）也指出，不同的小说对同理心的影响也有差异。

基恩认为，一般来说，读者会选择他们想与之建立共鸣的人物，但是这些人物并不一定是作者写作时为情感寄托塑造的。基恩将之称为"同理心的不确定性"。这种现象在阅读古老书籍时尤其明显，例如，今天的读者很难认同十八世纪文学中的骑士们柏拉图式的爱情观或荣誉忠诚观念。道德观念和人际关系在发生改变，因此文学也有保鲜期。更令人惊讶的是，有一些文学作品不受这一规律的限制，例如索福克勒斯（Sophokles，约前496—前406）、莎士比亚（William Shakespeare，1564—1616）、赫尔曼·梅尔维尔（Herman Melville，1819—1891）、威廉·福克纳（William Faulkner，1897—1962）的那些经典之作。它们抓住了人类存在的根基，因而经久不衰，让几百年甚至几千年来的读者们为之动容。现代作家或导演会对经典作品进行改编，为它们注入新的诠释，让今天的人们能够继续接受、感知它们，它们因而流传得更为广远。

不过，也有相反的情况。有些文本要等到很久以后才能找到受众，因为它们太过沉重晦涩，或者说得好听一些，远远超越了其所处的时代。例如詹姆斯·乔伊斯（James Joyce，1882—1941）的作品《尤利西斯》（*Ulysses*）。这部作品于一九二二年在巴黎首次出版，美国和英国却以内容淫秽为由将其列为禁书。直到二十世纪后期，人们才重新注意到这部作品。基恩写道："虽然有些小说家正是为后代的读者进行创作，但大多数作者与读者的交流仍是横向的，即大多数作者面向的是与自己活在同一时代的读者。"能让读者产生共情的书，大多都有自己所属的时代。若非现在的读者对幻想、神话、平行世界中的巫师、狼人及雄伟阴森的建筑有着强烈的喜爱与痴迷，全球销量千万余册的"哈利·波特"系列可能只能在厨房的抽屉里积灰。

同理心的不确定性也会出现在当代文本中。基恩论述了男学生对牙买加女作家奥帕尔·帕尔默·阿迪萨（Opal Palmer Adisa）的《始于泪水》（*It Begins with Tears*）中复仇场景的反应。受试者显然对文中详细描述的"辣椒刑"很难理解，更不用说共情了。这种惩罚是将剁碎的辣椒塞进女性身上的伤口里，因为男性认为她行为不检点。

基恩发现，女性读者在读到这一幕时，不由"汗毛倒竖，攥紧拳头，摆出防御姿势"。男性却没有出现这类身体反应，而是会出现窘迫、尴尬、不适的心理反应，即使这些反应也不是所有男性都愿意说出口的。因此，同理心，特别是对文本产生的同理心，通常受制于某些特定条件，包括种族、出身、性别、社会阶层、个人经历。

那些失去工作或伴侣的人，经历过战争和暴力的人，感到莫名的恐惧或迷失方向的人，有过创伤性经历的人，更容易对有类似经历的文本角色产生同理心。基恩形象地将此比喻为"大门或是敞开，允许进入；或是紧闭，无法进入"。她又补充道，"一些没有类似经历的读者也可以毫无障碍地穿过这道门，一探究竟。"

14. 大脑如何甄别真实与杜撰

正如前文所述的实验所表明，人们对于文学描写中的社会情境的体验和感知，与对真实的社会情境的体验和感知是非常相似的。那么，想要理解这种感觉，最直观的方式无疑就是亲自观察能够产生这种感觉的机制。人在阅读或聆听故事时，大脑中会浮现什么？受试者在亲身经历和在阅读中体验他人的群体生活时，脑袋瓜中是否会有细微差别？如果在两种情况下大脑的活动情形基本相同，将很好地说明模拟飞行器的假设是正确的。神经科学家在这一领域的研究结果，在很多方面都令人感到惊讶。

早期的脑科学家，也就是从事"核磁共振影像技术"（全称"Magnetic Resonance Imaging"，缩写为"MRI"）研究的学者们，在二十世纪九十年代走的是一条完全不同的研究道路。他们想解开人类最高的精神属性，即大脑是如何心智化的。用研究人员的话来说，他们正在寻找心智理论的神经基础。我们可以简单地回顾一下：这里说的是观察者对于被观察者可能的想法、感觉和意图的猜想，观察者无法直接看出这些，所以就提出了一个相关的理论。那么，大脑是如何产生心智理论的呢？我们先从一个简单的问题开始：在这一过程中，大脑中的哪些区域被激活了？

为了弄清这一问题，科学家将受试者塞进核磁共振检测仪，观察他们大脑的活动。在检测时，叙事只是间接出现，因为躺在仪器中的受试者评估和判断的不是真人之间真实的社交情境，而是电影、图片、绘画或文章这些媒介描述的人际互动场景。

发表于一九九五年的一篇论文阐述了此类研究最早的成果之一。在某次研究中，研究人员给第一组受试学生设定的任务是阅读伦敦国王学院认知神经科学教授弗朗西斯卡·哈佩（Francesca Happé）的一篇短篇小说。小说中，一名战俘向敌方审讯者透露了己方坦克的位置。他以为对方会认定他在说谎，所以故意说了真话，想以此将他们从正确的地点引开。要想理解这个故事的逻辑，读者必须有能力推演出审讯者是如何判断战俘的意图的，战俘又可能用什么招数误导审讯者——这就是典型的心智理论思维方式。

对照组学生阅读的是相同主题的文章，但该文章更加偏向客观纪实。该文章写的是在一场虚构的战争中，大雾弥漫是如何使蓝军无法部署空军，而导致原本处于劣势的绿军获胜。和前一组受试者一样，该组受试者一边阅读文章，一边接受机器对大脑的扫描分析，读完后再回答有关文章的问题。这些问题一会儿围绕真实的物质世界，一会儿又跳跃到艺术作品中人物的内心世界。

15. 脑科学家陷入了一个富有启发的骗局中

这种实验方式越来越普遍。神经科学家们或引用哈佩的论文，或开展新的实验，或为受试者阅读的文章加上图片。这样做的理由也很实际：一方面，媒体叙事很容易制作，可以直接拿来就用；另一方面，实验素材始终如一，科学家不需要为了变数伤脑筋，不需要再设定其他实验条件。因为演员即使出演相同的戏码，演出效果也会因其情绪不同而不同。另外，哪怕不考虑可能产生的巨大花费，研究人员该如何向躺在狭窄嘈杂的核磁共振仪器或大脑扫描仪器里的受试者展示真实的社会情境？这显然是无法实现的。

不可忽视的是，脑科学家们受到了假象的迷惑：他们把媒介和现实混淆了。他们认为，人们评价媒介中社会互动的方式和评价现实生活中真实互动的方式是相同的——这完全吻合奥特利和马尔的模拟器理论。换言之，脑科学家的错误是给一个来源于假设的理论提供了证据，对这一理论他们其实一无所知。他们之所以这样做，是因为他们全盘接受了叙事中人物的意向，就和一些读者在阅读时一样。

最后，还有一个非常实用的托词。他们以电影为例，强大的视觉冲击很容易模糊现实和影像间的区别。但电影毕竟只是一种媒介，一群人（导演和编剧）通过它向另一群人（观众）展示他们创造的世界中的人（片中角色）。

整整十年之后，这种实验研究方法上的错误才被神经科学家认识到。有些人批评道：用文本作为研究大脑如何心智化的基础，可能并不严谨。他们做此批评不是因为这些文本是脱离实际、凭空杜撰出来的，而是因为无论何种媒介，都是基于语言呈现出来的。这会在激活大脑心智化的同时也激活大脑的语言中枢，从而导致研究结果不够清晰：如何确认大脑中被激活的区域是处理心智化的部分，还是处理语言的部分？

另一项研究似乎展现出方法上的困难。研究人员比较了卡通和连环画这类图片故事和真实人物的真实行为对大脑的刺激，发现图片对大脑中负责社会评价部分的刺激更弱一些。"这些结果让人不禁质疑，经过艺术加工的社会成员在特定情境下的行为是否和真实的社会成员的行为相同？"叙事研究者马尔总结道。一些研究者随即采用了语言之外的东西刺激大脑，比如抽象的几何图形——三角形、正方形或圆形，这些图形自主活动又相互关联，仿佛在追逐、逃离或漫步。

上述实验虽然排除了大脑中语言中枢对结果的干扰，但是无法摆脱人类基本的意向性立场。正因为此，受试者才会赋予图形几何学上绝不可能存在的意图和目的。这意味着这种实验设计也有其弊端，因为自以为识别意图和在日常生活中对他人进行心智化思考，需要的是两种截然不同的能力。

随着研究的深入，又有科学家认为文字刺激才更为合适。他们持有的观点和叙事心理学家类似，都认为如果将语言中枢排除在外，就无法充分描述和认识心智化，毕竟，对他人意图的思考，无论速度是快还是慢，在很大程度上都是经由精神上的内在对话，即心理独白完成的。

16. 大脑中的社会区域和叙事区域互相重叠

无论如何，这些研究结果为我们提供了富有意义的对照。例如，它们揭示了非语言性心智化过程刺激的是大脑中的哪些区域，语言性心智化过程刺激的是哪些区域，而两个区域是重叠的。马尔在一篇长篇综述性论文中详细梳理了八十六篇论文，这些论文都涉及通过脑部扫描研究叙事，结果显示，大脑中涉及心智化的区域和涉及叙事理解或叙事模拟的区域是高度一致的。这一结果证明叙事确实会影响在实际交往中会用到的大脑区域。清晰起见，我将这些区域逐一列出：

· 内侧前额叶皮层（全称为"medical prefrontal cortex"，缩写为"mPFC"）：这是额头后面的区域，在人们试图控制错误时总是很活跃，例如在总结陈词、评价分析，或面临道德问题时。

· 颞顶联合区（全称为"temporal-parietal junctions"，缩写为"TPJ"）：位于头顶后部与耳朵齐平的位置，来自周遭环境的信息，包括来自视觉、听觉和触觉的信息在此融合。这个区域是区分自我和他人的地方，赋予人们思考他人欲望、意图和信仰的能力。这个区域受损的人可能会产生灵魂出窍的体验，或者难以做出道德评价，也无法甄别谎言。

· 后扣带皮层（全称为"posterior cingulate cortex"，缩写为"PCC"）：大约位于大脑中央，属于边缘系统，负责处理情绪，唤醒记忆。当受试者对叙事文本中的人物产生同理心时，这一区域就会活跃起来。

· 楔前叶（precuneus）：位于枕叶上部，在对自己的心理认知、个人经历、外显记忆、检索来源于记忆的背景信息上起着重要作用。

· 额下回（全称为"inferior frontal gyrus"，缩写为"IFG"）：位于太阳穴后面偏下的区域，与布洛卡区（Broca's area）相同，负责语言生成。不仅如此，这里也是音乐鉴赏力所在的区域。此外，额下回的神经细胞在观察运动及执行运动时也十分活跃。额下回受损的人会出现语言障碍。

· 角回（angular gyrus）：左右半脑各有一个角回，位于耳郭斜上方，是处理语义的区域，例如确定一个词的含义。它还掌管书写、计算和阅读的能力。角回受损的病人除了可能出现失语症和阅读障碍外，在理解比喻性表达方面也会表现出缺陷，因此推测，对隐喻的分析可能也在该区域发生。

17. 培训效果难以证明

模拟器理论指出，广义上说，接触文学是一种社会互动训练。马尔解释说："如果理解故事需要社会认知，那么我们应该期待，经常接触叙事的人一定会从叙事中获益，无论这种获益会以何种形式呈现。"大脑研究完全可以对这种观点提供支持，然而，叙事很难研究，这也是从事实验工作的科学家对于叙事心理学或叙事大脑研究并不热衷的原因。这类实验方法的基本条件很难控制，毕竟，无论读的是君特·格拉斯[1]（Günter Grass，1927—2015）、乌韦·蒂姆[2]（Uwe Timm，1940—　），还是《五十度

1　德国作家，获 1999 年诺贝尔文学奖，著有长篇小说《铁皮鼓》《狗年月》等。

2　当代德国作家、出版家，其青少年文学作品蜚声欧洲。主要作品有《夏至前夜》《海盗鸟》等。

灰》[1]（*Fifty Shades of Grey*），在读了大量小说后，就能对大脑中只能被社会任务激活的模式产生刺激，未免有点想入非非。

发展心理学的研究从儿童身上得到相当好的证明。儿童的阅读量越大，与父母谈论的共同经历越多，他们的词汇量就越大，连贯叙述故事的能力也越强，不仅如此，他们的社会能力也比同龄孩子的平均发展水平更高。因为在讲述个人经历时，也提高了对自我身份的认同，了解了自己在社会中的定位。（详细内容请见本书关于儿童叙事发展的第四章"摇篮里的故事"。）

马尔的一篇论文也证实，对于成年人来说也是如此，那些一生都在接触文学的人有更强的社交能力。但是，这里只有相关关系，而不存在绝对的因果关系。也就是说，阅读量大的人可能一开始就拥有更强的社交能力，因此更爱阅读。

开卷有益，故事能让我们成为更好的人，文学作品本身就能证明这一点。诺贝尔文学奖得主马里奥·巴尔加斯·略萨（Mario Vargas Llosa，1936—　）认为，文学与文学塑造的意识，唤醒的渴望，以及在更美妙的幻想世界遨游之后回到现实的清醒感，都可以归因于这样一个事实："相比于早期叙事者通过寓言故事使生活人性化的时代，现在的文明已经不再那么残酷。"

1　英国女作家 E. L. 詹姆斯创作的三部曲系列小说。

18. 对诗性正义的追求

故事中蕴含了人们对美好正义的渴望，读者十分牵挂所读角色的一举一动。当角色的命运走上正途，行为符合道德要求时，他们会感到欣慰；相反，若是卑鄙小人不择手段，目的得逞，他们会感到不悦甚至愤怒。显然，读者可能都没有意识到，自己一直在默默观察着文中角色的道德品质，判断他们是善是恶。当好人得偿所愿，获得珍宝，或抱得美人归时，读者会由衷地为他们感到高兴；当坏人得到应得的惩罚或报应时，读者也同样欣喜。好莱坞制片公司深知，大家都希望看到善有善报恶有恶报的圆满结局，正如专业术语所述，人们追求的是"诗性正义"（Poetic Justice）。

美国社会心理学家梅尔文·勒纳（Melvin Lerner）在二十世纪六十年代最先认识到这一现象。他在《正义世界的信仰：一种基本的妄想》（*The Belief in a Just World: A Fundamental Delusion*）一书中描述了以世界需要善良与正义为主题的实验，"妄想"（Delusion）指的是坚信存在某种现实中并不存在的东西，"错觉"（Illusion）指的是对确实存在的情况或事物有错误认识。

故事很明显满足了人们对诗性正义的需求。从长远来看，这能增加人们的幸福感，有利于身心健康，这一点我将在关于自传的章节中详细讨论。在一项研究中，心理学家马库斯·林茨（Markus Linz）发现，经常看剧情片、犯罪惊悚片或电视连续剧的人，格外相信世界上存在因果报应。或许因为生活并不总是一帆风顺、井然有序，所以我们才会把故事中的美好世界当成是日常生活的一种替代方案吧。

19. 正义带来收视率

加利福尼亚大学传播学家雷内·韦伯（René Weber）的研究证明，诗性正义是电视节目获得良好收视率的先决条件。他让五百名女学生对一些肥皂剧中的人物进行分析评价，这些肥皂剧连续十周每个工作日都会播放。女学生们不需要特别喜欢该剧，也不需要每天准时守在电视机旁，她们可以拿 DVD 回家看，但是看完后要对剧中的十二名角色进行评价，不仅要评价他们的人物特征，是纯真善良还是邪恶狡猾，也要评价他们在剧中的成就，然后还要说明自己对故事结局的喜爱程度。研究人员在分析学生的汇报时，也记录了剧集的收视率。结果很明确：最后好人获胜、坏人失败的肥皂剧，受试学生的喜爱度和收视率都是最高的。

好人胜利，观众心情舒畅；收视长红，业绩卓越。真可谓：结局好，一切都好。

但结局不好又会怎样？比如以灾难、谋杀、暴力结局？傻瓜！这还不是故事的结局啊！开个玩笑，但是这样的故事确实还未完待续，因为只要叙事者还能继续讲，故事就还未完结。叙事者可以一直把故事讲到圆满为止，中间的失败和杀戮，无论多么残暴至极，多么暗无天日，都只是暂时的，是为了达到美好结局而必须克服的障碍。不仅故事在继续，人类的伟大历史也在继续。如果故事不能继续讲下去，人类也就不复存在、无人探究了。这就是叙事独有的逻辑。

三、文学与世界

亲爱的莫里斯：

你有没有想过，如果让你讲一讲最近一次去面包店的经历，你会怎么说呢？你肯定会简短地打声招呼："亲爱的，我回来了！"然后就进屋坐在桌边，不再说话。若把这个任务交给一个很严谨的叙事者，他可能感到绝望，因为往返于面包店的十分钟里发生了很多事情，全部详细再现一遍，或许需要好几个星期。而听众听完他的叙述后会很快产生一个问题："这些事情之间有什么联系？这一切与我又有什么关系？"

树叶沙沙作响，猫在墙头打着瞌睡，蚂蚁忙碌地穿过人行道，被丢弃的奶油面包上长出霉菌。左边房子的三楼，一个胡子刮得干干净净、头发梳得一丝不苟的上了年纪的男人打开一扇窗，窗玻璃在阳光下短暂地闪耀了一下。他走到窗前，探头张望。四周喧闹嘈杂，汽车、自行车、步行的人穿行如织。他们行色匆匆，彼此间没有眼神交流。他们或许怀揣心事，或许在计划假期，或许在回想前一天夜晚的激情或恐惧。尽管他们内心可能思绪汹涌，但是看上去波澜不惊。野草春风吹又生，苍蝇停在窗台上，蚂蚁们开始搬运一只死去的甲虫。教堂的钟声响起，有位女士正准备去买面包，她与丈夫和女儿住在附近。她看到一个女孩，女孩似乎走在上学的路上，有一瞬间，两人目光相遇。

　　一个人走在路上，只能接收到纷繁世界中的一小部分，只能关注到感官捕捉到的那一小部分信息。他吃完早餐，还能记起的也只有一些特别的地方，比如看到有人拎着购物袋从商店走出，那家商店正是他想要去的。几个小时后，这些印象也会慢慢消散。但是，如果去买面包的女士在离开公寓中的家时，决定抛下无趣的丈夫和共同的女儿去找情人，那么一切就会截然不同。

1. 叙事总会掇菁撷华

　　故事会省去某些内容，将人们的注意力引到那些对叙事者或对听者有重要意义的事件，或是能够彰显故事意义的事件上。故事操纵着接收者的注意力。一个很重要的手段就是删除和省略，否则世界将无法被描述。叙事就像暗室里的一只手电筒，被光束照亮的东西才能被讲述。原因可能在于语言的局限性，在这个焦点之外的一切会被自动过滤。如果作者提到周围环境中看似不重要的细节，那么这个细节要么是与事件有关，要么是个重要的伏笔。一个阳光明媚、清新和煦的春天早晨，很可能预示着这个离开家去买面包的女人正喜溢眉梢，对即将到来的新生活满怀憧憬。她遇到那个独自走在上学路上的女孩，不禁想起自己的女儿，这引发她作为母亲的忧虑，这一场景显示出这个女人进退维谷的心境。

事实上，事无巨细地记录下周围发生的一切，例如录下声音，也不足以再现真实发生的情况，甚至可能会让人忽略作者的意图。奥特利和两位同事做了一个实验，他供职的大学的心理系新采购了一台复印机，他们让一个人（泽维尔）去向另一个人（约兰德）请教如何使用这台机器：

> 泽维尔：你能教我怎么复印吗？
>
> 约兰德：双面复印吗？
>
> 泽维尔：呃……那个……应该是要双面的。
>
> 约兰德：呃……我不知道，一部分还是……
>
> 泽维尔：不好意思，你在做什么？（指了指两个按钮）
>
> 约兰德：这个。（按下"双面复印2"的按钮）但是……嗯……有些人会把这个也翻过来。这样一定行了。

奥特利解释道，作家会省去不重要的"呃"，以及无意义的重复，并纠正语法上的错误。此外，在泽维尔说他想要双面复印后，对话就无法理解了。读者会疑惑到底发生了什么事，并不再读下去。最后，奥特利把复印机前的这场相遇写成了一个故事，因为他也是个作家。下列文字摘自奥特利的故事，其中唯一缺少的是泽维尔和约兰德意味深长的眼神交流。从对话可以看出，他们互有好感，否则发生在复印机前的这一幕没有必要被记录下来：

> 泽维尔问道："你能教我怎么复印吗？"
>
> 约兰德知道，泽维尔已经掌握一般的复印流程，他可能想知道更多，或许想要学习一下心理学系新采购的复杂机器有什么高级功能，约兰德自己就花了不少工夫才学会如何操作这台机器。泽维尔手里拿着一张纸，也许他是想以这张纸为试验品，学习机器不同的复印方法。"你想要双面复印吗？"约兰德问道。
>
> "是的，要双面的。"泽维尔回答。
>
> "那可能比你想象的麻烦点。"
>
> "不好意思，你在做什么？"泽维尔已经迫不及待想要开始了。
>
> "你要按下这个按钮。不过在启动机器之前，你得知道你要复印多少份，以及原件是单面还是双面的。有时候你还得确认一下，复印反面的时候纸张方向是不是对的。"

奥特利的叙事版本不是简单的文字记录，而是作者把自己代入其中一个角色，借自己之口说出角色的意图，让读者理解后续意图和行为的意义。奥特利说："除此之外，我还需要引入对话，给读者提供一个真实事件的发生模式。"

2. 契诃夫之枪

注意力受到指引和集中，才有故事。即使那些看起来毫不起眼、无关紧要的描写，出现在叙事中也绝非偶然，比如天气通常具有象征功能。角色在黑咕隆咚、风雨交加的夜晚遇到的挑战，一定不同于在皓月繁星或正午烈日下遇到的挑战。不过为了避免在此有任何媚俗的嫌疑，必须澄清：我不是在说怎么写才能达到好的效果，相反，我是在描述作者如何使用隐喻以创造效果。文学史上所用的形象和情绪不断变化，而这不属于我们讨论的范畴。

媒体研究中有个词叫作"前景化"（foregrounding），即把事件或物体从环境中凸现出来以引起观众注意。正如前文所述，叙事就是一种凸显关键信息的前景化，但是需要掌握一定的技巧，这种技巧超越了叙事基调，有自己的名称。每个镜头都透露出一个意图，无论剧情如何发展，电影导演会在特定时间将镜头对准他想呈现给观众的部分。例如弗雷德·齐纳曼（Fred Zinnemann，1907—1997）在《正午》（*High Noon*）中一次又一次将镜头对准时钟，在电影结尾处，他甚至改变时间进程，明显拉长了最后几分钟，直到反派出现。

美剧中经常出现人物的面部特写，因为特写可以极大吸引观众的注意力。在影视作品中，"留景"（leave behind）的技巧也是众所周知的，一个明显与剧情无关的物品有了特写镜头，观众立刻心领神会，这个东西在后续情节中可能会起到重要作用。这种技巧一方面增加了紧张感，另一方面，也让镜头语言更加自然连贯，因为角色不能凭空变出一个东西来。这种技巧也可以反过来使用，例如，让一个关键物品反复出现在画面中，甚至出现在不同的背景，比如阿尔弗雷德·希区柯克的电影《夺魂索》(Rope)中反复出现的装着死者尸体的箱子。

　　在戏剧和文学领域，说起俄国小说，经常会提到"契诃夫之枪"。这个词可以追溯到契诃夫一八八九年写给朋友的一封信。契诃夫在信中写道："如果没有人想要开枪，舞台上就不会出现一把上了膛的猎枪。"被镜头久久定焦的冰箱溢出深红色血液，松动的螺丝钉预示着灾难，一顶帽子可以造成身份混淆——它们都是被巧妙运用的契诃夫之枪。研究表明，这种技巧实际上是在引导观众的注意力，让观众开始思考这个物品背后可能隐藏着什么。这与叙事中的任务分配相吻合，作者引导读者的注意力，同时，读者也愿意受到引导。

3. 诗歌创作与历史书写

　　古希腊哲学家亚里士多德（Aristoteles，前384—前322）是第一个思考叙事与现实之间关系的人——这里指的是我们今天能够知道的第一人。我们之所以知道，是因为他留下了一篇文章，文章记录了他对于这个问题的思考。公元前三百年，亚里士多德写下了《诗学》(Poetik)，他在书中使用了"模仿"(mimesis)一词，意思是通过叙事或模仿描述世界；这种叙事可以是书面的，也可以是口头的。他还区分了历史书写与文学创作的区别，前者应该以真实事件为基础，记录真相；后者纯粹是关于可能性的假设。亚里士多德给这两种作者分派了不同的任务，让他们能够仅从一个角度去观察和写作，为他们减轻了负担：

> 诗人的责任不在于描述已发生的事，而在于描述可能发生的事，即按照可然律或必然律发生的事。历史学家和诗人的差别不在于一用散文，一用"韵文"。——希罗多德（Herodots，约前484—约前425）的作品即使被装扮成诗，也还是历史，无论有无韵律。——他们的区别在于，一个写过去发生的事，一个写将要发生的事。因此，诗歌比历史更有哲理并高于历史，因为诗常常表现普遍事件，而历史表现特殊事件。

亚里士多德的说法并未得到普遍认同，但他是一个先锋，先锋是可以犯错的。今天的人们仍然被这个问题困扰：故事（或者其他艺术形式）是如何与现实产生联系的？这一问题的现代观点反映在罗伯特·路易斯·史蒂文森（Robert Louis Stevenson，1850—1894）和亨利·詹姆斯（Henry James，1843—1916）之间的精彩争论中。前者是著有《金银岛》(*Treasure Island*)、《化身博士》(*Strange Case of Dr. Jekyll and Mr. Hyde*)等作品的世界著名文豪，而后者是一位名气稍逊的美国作家，也是"美国心理学之父"威廉·詹姆斯（William James，1842—1910）的弟弟。亨利·詹姆斯在其《小说的艺术》(*The Art of Fiction*) 一书中表达了自己的观点："广义上说，小说是个人对生活的直接印象。"这一观点明显师承亚里士多德。对此，史蒂文森彻底反对，他提出了广泛传播、流传至今的看法：

> 生命是怪诞的、无限的、不合逻辑的、突兀且尖锐的；相比之下，艺术是有序的、有限的、自洽的、理性的、流动且柔软的。生活释放出粗暴的力量，宛如雷鸣；而艺术就像一位谦逊的音乐家所创作的乐曲，尝试在真实生活的轰鸣中，被人听见。

随后，史蒂文森将文学与数学及几何图形做了对比：

> 几何学告诉我们，圆形是自然界中从未有过的结构。若问什么是绿圆或铁圆，自然界无法给出答案。文学，特别是其典型形式——叙事小说，以同样的方式逃避了直接的质疑，转而寻求独立和创新的目标。如果说它模仿了什么，它模仿的不是生活，而是生活的言论；它不是人类命运的事实，而是在叙事中对人类进行强调和淡化。

拿文学与数学比较，想说明的不是语言在某种程度上像数字系统一样精确、一样符合逻辑。而是说数学是一种思维方式，它让人以抽象和理想化的方式进行思考，最终实现对世界意义深远的思考。自然界中不存在圆形已经盖棺定论，而直线是否存在，仍然是数学家们争论的议题。圆形是一种各点到中心的距离都相同的图形，代表的是一种纯粹的理想。植物的花朵通常呈现出圆形的趋势，轮子是一个圆形，季节的交替可以被理解成一个圆形，生物的生老病死也是圆形。圆的形象有助于人们用不同的方式认识世界。

另一个例子是钟摆运动。计算钟摆运动的数学方程式不考虑悬架的材料、摆锤的颜色，也不考虑摩擦力最终会在某一个时间点让钟摆归于平静的事实。这些因素在一开始并不重要，因为微分方程式揭示的是不同的能量形式，即摆锤落下时的势能和摆锤的高度如何在运动中相互转换，以及如何用正弦函数进行描述。我们这里谈论的就是自然界中随处可见的波：在水面上，在音乐中，在光的传播中，在电路中，在计算机和手机中，在行星的运动中，在神经元的传导中。

4. 叙事动物

没有钟摆或圆形，我们无法理解物理世界，而没有故事和故事中的人物，我们也无从理解社会世界。奥特利和马尔写道："和数学一样，叙事澄清了一些普遍原则，这些原则基于人类经验的一个重要方面，即具有特定意图的人类行为。"故事对错综复杂的现实世界中的情况进行梳理，叙事脱胎自现实，揭示了那些若无叙事就会一直不见天日的规则。

　　因此，也只有物理学家会认为：人类生活的世界并没有信息过载。无论是社会世界，还是物理世界，抑或生物世界，都是杂乱无章的，故事的存在是为了梳理这种混乱。通过故事，我们赋予自己的生活意义，了解过去，也预测未来。英国作家、布克奖得主格雷厄姆·斯威夫特（Graham Swift, 1949—　）在一九八三年出版而后被搬上银幕的《水之乡》（Waterland）一书中写道：

　　　　……只有动物才生活在此时此地，只有自然才既无记忆也不知历史。但是人类——请允许我给人类下个定义——是叙事动物。人类无论走到哪里，都不希望留下混乱的旋涡、荒芜的空白，而是留下浮标或路牌，用以鼓舞、抚慰后来者。

　　动物的行为出于本能，就像鼹鼠会本能地挖地道，寻找巢穴和食物。叙事就是人类的本能，是一种自然规律，自然而然，不可改变，也无法避免。

　　奥特利和马尔说，所有的文化中都有叙事，因为故事代表了所有文化共同的困境：航行在复杂的人际海洋中，要辨别出朋友和骗子、可靠知己和点头之交，是十分困难的。纽约大学心理学名誉教授杰罗姆·布鲁纳（Jerome Bruner）也指出，故事代代相传，深深扎根于我们自古以来的叙事遗产中。

　　在关于叙事起源的章节中，我们阐明了这种叙事遗产包括哪些方面，以及它在进化过程中的发展历程，何时出现了第一个小故事，何时有了叙事元素，也就是进化人类学家迈克尔·托马塞洛（Michael Tomasello）所研究的"我们——意向性"。指的是在共同背景下交流共同的意图，通过肢体动作吸引注意或给予暗示。叙事的目的就是吸引注意，将意图前景化，将其他模糊化。

远古时候，一个饥饿的人手指地平线和水源，他的意思可能是："快看太阳的位置，现在是去河边捕鱼的好时机，我们该出发了。"手势吸引了旁人的注意，并传达出自己的意图。但如果没有具体的背景，将无法理解手势，或得出截然不同的意义。这一过程中还有一个听众，一个自发参与交流的叙事伙伴，他知道对方的意图，接受对方对世界的观点和看法。于是，两人便出发了……

5. 调味品：一大堆麻烦

我们已经理解，一个故事首先要有所取舍，才能成为故事。但是作者舍去的是什么？他叙述了什么？是如何叙述的？这些都是叙事理论最基本的问题，但我在这里只做稍微提及，将重点放在说明理论的基本观点上。叙事理论很快就违反了第一条基本戒律，也就是每一位想被人听到的作者都应铭记于心的一点：不可让人觉得无聊！

法国哲学家兼翻译家保罗·利科（Paul Ricœur，1913—2005）认为，故事描述了一连串的行动和经历，无论是真实的还是想象的。故事中的角色身处不断变化的环境中，并对变化做出反应。这些变化要么揭示了角色和情境先前被隐藏的一面，要么赋予角色新的思考或行动，要么两者都有。等找到解决困境的方案，故事也就来到了结尾。

亚里士多德将这种状况称为"突转"（peripeteia）———一种突如其来的命运转折，它是一个故事的核心，特别是在悲剧或戏剧中。一个经典的"突转"的例子：俄狄浦斯（Oedipus）发现妻子伊俄卡斯塔（Jocasta）也是他的母亲，他为自己的乱伦行为和弑父行为感到震惊，最后刺瞎双眼，流亡四方。在电影领域，突转被称为"情节点"（Plot Point）。

文学评论家、作家肯尼斯·伯克（Kenneth Burke，1897—1993）提出了"戏剧五因"，也叫"戏剧五位一体理论"。他认为，有五种要素可给故事带来张力和戏剧性：人物、行动、场景或框架、目的、方法——再加上一点麻烦。说"麻烦"有点粗糙，它指的是一种不平衡的状态，或多或少偏离了常态。

由描述可知，故事的核心大多建立在"连贯性"（coherence）上。行动、思考或想法一个接着一个，就像一个字必须接着一个字，不能同时出现两个不同的字。刚翻开第一页的读者和刚听到第一句话的听众，不知道故事会怎样结尾。以威廉·福克纳（William Faulkner，1897—1962）为典型代表的现代作家，常常会打破时间顺序，用不同人物的视角反复描述同一件事。不过这种叙事中的叙事——像俄罗斯套娃一样，一个嵌套着一个——仍然遵循传统叙事中的时间顺序。大卫·福斯特·华莱士（David

Foster Wallace，1962—2008）等后现代作家也在叙事时打破时间顺序，但是每一个小叙事无法摒弃此项传统原则。

6. 关于情节，关于故事

叙事的另一个关键特征是其关联性或流畅性。亚里士多德在《诗学》中就已经注意到这一点。他认为，一个故事的每个元素基本上都对其全貌有贡献，任何改变，例如时间顺序的改变，都会破坏故事的关联性。因此，一句话紧跟着另一句话，两句话环环相扣，互相关联，彼此呼应。

下列两句话很难被当成一个故事，因为读者难以看出它们之间的关联性：

玛丽亚很渴。艾丽卡骑着自行车。

如果将这两个句子调换顺序，主语换成同一个，读者就会自动建立起连贯的句意：

艾丽卡骑着自行车。艾丽卡很渴。

这是以普遍规律和人们的常识为基础的，即运动非常费力，让人大汗淋漓，口干舌燥。因此，读者毫不怀疑地建立起这两句话中的关联性。在所有故事中，这种关联性意义都有重要作用。

关联性将每个独立的句子捆绑在一起，让它们得以形成叙事，就像这样：

> 艾丽卡在一月份去了法兰克福。整个城市银装素裹。

光从逻辑来看，"城市"一词可以指"阿沙芬堡"（Asch-affenburg）、"福伊希特旺根"（Feuchtwangen）或任何一个真实或虚构的地方。但是，没有人会这么想。

关联性可以来源于事件的时间顺序，也可以体现在因果链或影响链上。本章开头的例子中，那位忧心忡忡地去买面包的女人应该先遇见上学的女孩，然后考虑要不要离开丈夫和孩子。上学的女孩是她回心转意的原因或动力。如果她先回心转意，后遇见女孩，就违反了关联性的规则。她已经无缘无故改变了心意，路上的遭遇就毫无意义，甚至不合情理。在这种情况下，作者不如干脆完全删去去面包店的这段情节。

英国小说家爱德华·摩根·福斯特（Edward Morgan Forster，1879—1970）用故事的时间结构或因果结构来区分什么是故事、什么是情节。我在此将他的思想简要翻译如下：

> "国王死了，然后王后也死了"是故事。"国王死了，不久王后也因悲伤而死"是情节。我们听到的若是故事，就会问："然后呢？"如果听到的是个情节，我们会问："为什么？"

当然，王后是在丈夫去世后才伤心，而不是在之前。但是在这里，时间顺序只能退居幕后，更重要的是因果关系，就如买面包的女人那个例子一样。然而，"因为悲伤"的补充对于上下衔接至关重要，因为这几个字道出了原因，进而制造了效果。若没有这一解释，关于王后的事情就只是一个故事，甚至连故事都算不上。我们对句子稍作修改，区别一目了然：

> 国王死了。王后死了。

然后呢？人们可能要耸耸肩问道。因此，事件不是无缘无故凭空出现的，而是基于可以理解的普遍常识而出现。然而，叙事的因果关系在逻辑上并不能完全让人信服，它只讲述了众多可能性中的一种。相比之下，根据理性规则，如果 C 等于 B，B 等于 A，则 A 一定等于 C。叙事中的因果关系没有这么明确，而是更具有想象空间。也就是说，国王和王后的事情也可以朝完全不同的方向发展，例如：

> 国王死了。王后从悲伤中重新振作了起来。

最后，叙事体裁也会影响常识判断下的可能性。在童话故事中，王子变成青蛙，在被公主亲吻后又变了回来，这或许不符合常识，但仍处于可预期的框架内。在新闻报道或欧内斯特·海明威（Ernest Hemingway，1899—1961）的文章中，这种情节是绝对不会出现的。如果叙事者能设法将这两种形式天衣无缝地融合在一起，就会发明出一种新的流派，即魔幻现实主义。加夫列尔·加西亚·马尔克斯（Gabriel García Márquez，1927—2014）就是魔幻现实主义的大师，弗兰茨·卡夫卡（Franz Kafka，1883—1924）、君特·格拉斯、帕特里克·聚斯金德[1]（Patrick Süskind，1949— ），以及彼得·霍格（Peter Høeg，1957— ）等人也是。文学就和做爱一样：规则是给别人遵守的，只要有趣，怎么做都可以。

7. 寻常中的特殊

亚里士多德所言十分有道理：故事的主题首先是生活中俯拾即是之事。但是伯克指出，这些日常生活中被允许、被接受的行动准则，只能成为特殊事件发生的基础。特殊事件可以是断裂、危机、围观，甚至愤怒。故事讲述的就是寻常中的特殊。布鲁纳说："叙事围绕着瞬息万变的人类意图展开。"叙事可以帮助我们了解他人和自己，理解人们的行为和彼此间的互动。因此，暴风雪或火山喷发不能成为一个故事。但是，在极端天气和自然灾害中为自己的命运而战，如乔恩·克拉考尔（Jon Krakauer）[2]

1　德国作家，主要作品有《香水》《鸽子》《夏先生的故事》等。

2　美国畅销书作家，《户外》（*Outside*）杂志专栏作家、登山家。亲历1996年珠穆朗玛峰山难后，他在《户外》杂志发表的分析报道后拓展为《进入空气稀薄地带：登山者的圣经》一书，该书获"美国国家杂志奖"。

的《进入空气稀薄地带：登山者的圣经》（*Into Thin Air: A Personal Account of the Mount Everest Disaster*）或海因里希·冯·克莱斯特[1]（Heinrich von Kleist，1777—1811）的《智利地震》（*Das Erdbeben in Chili*），就另当别论了。

我们再把目光转移到之前设想的两个史前钓鱼者身上。根据五因理论，人物是饥饿的人，行动是钓鱼，目的是有鱼的河流，场景是白天时分和水源附近，方法是渔具及其他工具，再加上一些麻烦——饥饿的人对于果腹的需求。如果交流对象（那时可能还没有发展出口语，只能通过动作表达）拒绝按照计划去抓鱼，去拿渔具，并且表达了这样的观点——现在不是捕鱼的好时间，刚过中午就去捕鱼有违神的旨意。那么麻烦就会升级。

伯克所说的麻烦在文学作品中随处可见：歌德的《浮士德》（*Faust*）中，麻烦是主人公贪得无厌，不惜将灵魂出卖给魔鬼，以求魔鬼满足他难填的求知欲；《哈利·波特》中，麻烦是黑魔法师伏地魔对善良之人无处不在的威胁；《铁皮鼓》（*Die Blechtrommel*）[2]中，麻烦是早熟的奥斯卡·马策拉特拒绝面对成人世界；《宣叙》（*Parlando*）中，麻烦是主角受到的不为人知的性虐待；《小人物，怎么办？》（*Kleiner Mann, was tun?*）中，麻烦是经济危机带来的失控状态。

1　德国剧作家，现实主义诗人。

2　君特·格拉斯创作的长篇小说。

8. 一般常理

根据布鲁纳的看法，叙事有一种居间传达的作用：它需要解释规则与打破规则之间的关系，解释日常生活与脱离日常之间的关系，解释一般会做与不会做的事情之间的关系。故事用可以理解的形式讲述不寻常的事情。

不可忽视的一点是，对叙事价值的这种定义的基础并不稳固，却又意义深远。究竟什么是可预期的事情，什么是寻常的行动法则呢？答案是：无数文学作品描述的被打破的东西，法律条文规定的内容，以及人们每天都在做并认为其正确，且从不怀疑其正确性的事情——这里的人们并不包括一些讨厌的心理学家和社会学家。英语国家用"常识心理学"（folk psychology）这一概念去概括这一现象。比如，钥匙丢失，会去寻找钥匙；婚姻破裂，会去思考该怎么办。在德国，我们一般称之为"一般常理"。

叙事总是关于一般常理，它们是一种重要的文化工具，将偏离常理的事情拉回常理。故事迫使个体面对其所处的文化和文化准则；故事描述的是如何将个体的私人特质，如愿望、期待、信念等，融入该文化的公共领域。

当然，文化观念会随着世界上发生的事情，以及对这些事情的叙述与解释而发生改变，常识心理学受制于这种观念的转变。今天不可能创作出《包法利夫人》这样的书，如果写一本关于性爱的书，应该会往《湿地》或《五十度灰》的方向发展。无论如何，讲故事离不开道德观念，"哪怕表达的是一种反对道德观念的观点"。正如布鲁纳在谈到现代主义出版物时指出的那样。

期望自然也受到环境或立场的左右。人类可以敏锐地感知到，什么事情应该发生在什么场合，酒吧里的情况和教堂里完全不同。正如社会心理学家罗杰·巴克（Roger Barker，1903—1990）指出的那样，你进入一家银行，就会被期待以一种"银行式"的方式行事，你应该规规矩矩站在等候的长队中，压低声音说话，安安静静地办自己的业务。柜员们也要以同样的方式行事，他们必须按照一般常理要求的那样着装得体。因为提供金融服务的人，应该散发出值得信任的气质。我们可以把这里的着装和形象理解成一种呈现在外的叙事。

不过，如果有人手里挥舞着旗帜从旋转门外冲进来，会怎么样呢？此时就需要这个人做出解释了。一旦违反期待和常理的人无法亲口说明原因（这种情况实属罕见），旁观者们就会自己加以解释，为对方的行为编出一个可能的故事。

例如，狂欢节时，走进银行的人仍处于兴奋狂热的庆祝状态，可能还喝了点酒。其他可能性还有：这个人是个疯子，他总是在这个时候冲进附近的各个商店，他挥舞的旗帜是自己缝制的，上面印有五颜六色的巨型大麻叶图案；或者是个激进分子，挥舞着印有与卡斯特罗为友的革命家切·格瓦拉头像的旗帜，想要抗议全球化、国际金融和一些银行经理毫无节制的贪得无厌。

布鲁纳说："故事的功能在于找到一种具有意图的情境，来解释人为什么会偏离规范，为什么会偏离已成典范的文化模式。"正是这种特质使故事贴近现实，具有可信性，并最终发挥和解作用。人们做与不做之事，在故事发生后都能在一个共同的关系框架下找到立足之处。因此，故事能够处理冲突，无论是观念的冲突，还是人与人之间真实的冲突。

9. 诉诸世界常理

叙事者用寥寥几笔和关键词语就勾勒出事件。例如在前文银行的例子中，我们可以将主角说成一个傻子，也可以说成一个疯子，或者一个激进分子。这三种假设都代表了某种叙事，从叙事中都可以展开一个故事。傻子的版本在于，他只是在特定时期受到鼓惑，做出了一些疯狂举动，他在其他时候是人畜无害的。作者只需勾画框架，给出脚本，其余的将由读者根据自己对世界的了解或运用想象力自行填补，将每一处空白的地方填补得合乎逻辑，符合一般常理。例如下列去餐厅吃饭的脚本：

> 玛利亚走进餐厅，点了一份素食，飞快地吃完后急匆匆地赶回办公室。

西方读者（想必东方、南方、北方读者可能也是一样）马上就能知道，这个小故事在说些什么。虽然玛利亚那天为什么那么匆忙，以及她是不是个素食主义者，我们不得而知，但是这个场景的基本内容是很好把握的，即使叙述者省略了事情的关键步骤或可能的过程，比如：玛利亚是如何进入餐厅，脱下外套的；她坐下来的时候可能感觉到了椅子或者坐垫的形状；她是如何研究菜单，叫服务员过来点单的；又是如何用勺子喝汤，买单，留下小费，穿上外套，用一个简单的手势向服务员告别，然后离开餐厅的。只要读者知道餐厅是什么，这些过程就会自然包含在"去餐厅吃饭"这件事中，叙述者不必赘述。这种省略也表明，在玛利亚走进餐厅后的一系列例行流程中，没有发生特别之事。

故事利用"去餐厅"这个脚本，为女主角可能出现的感官感受和由此产生的情绪创造空间。故事可以将她的匆忙放置在更大的行为背景下，例如描述她在离开餐厅时，目光瞥见墙上员工合影时的惊讶，因为照片上有一个熟悉的面孔：她的前夫与一个女人手挽手站在人群中。她清楚地记得，自己从来没有和丈夫一起来过这家餐厅。然而，叙述者也可以让玛利亚回到办公室后才回想起这张可疑的照片，或者晚上与朋友露丝聊天时，脑海中突然浮现出这张照片。

故事由模型构成，但旧金山州立大学的英国语言文学研究家艾丽莎·安·厄斯曼（Elise Ann Earthman）在一项研究中展示，偏离经典模型，本身就可以构成故事。在她的实验中，受试者阅读了一篇简短的故事。故事的主人公是一个名叫古斯塔夫的男子，他身穿朋友的毛皮大衣回到家中，妻子在昏暗的走廊里迎接他，以一种不同于往常的热情轻声软语："古斯塔夫还没到家。"古斯塔夫立刻答道："不，他已经回来了哦。"

这个故事结束在这句话上，没有任何进一步的解释。虽然故事看上去不合逻辑，但是所有读者都认为，故事没有什么争议之处。因为受试读者都套用了这样的基础模型："一个丈夫发现了妻子的不忠。"

10. 叙事中，读者不可缺席

哈佛大学美学教授伊莱恩·斯卡里（Elaine Scarry）是个充满争议的文学评论家，根据她的说法，正是因为使用了模型，故事才会生动有趣。毕竟，故事不能像视觉影像那样呈现出丰富的真实细节。我桌子上的小纸条、笔、笔记本、灰尘，还有冬日残阳照射在桌面上的颜色反射，都是叙述者用来展现桌子堆满东西的细节。如果再给这段叙述添上一些有教育意义的话，它们展现的是一张疏于整理的桌子。如果作者向读者提供一个模型，那么描述就会更快更好地发挥作用。模型的功能在于，从自己的观念出发，重建希望被建立的想象。

想要证明墙体坚固，描述时无须着墨于墙体的尺寸，也无须介绍建筑材料和建造方式。只需要描述墙体在正午烈日下投下的清凉阴影和阴影下湿润的草地，读者就能产生直观的感受，自己就能毫不费力地理解墙体的坚固厚实。

简单看一下感知研究，我们就会理解其运行原理。理解模型就如理解简单文字一样容易，哪怕模型传达的是十分复杂的事实。受试者很快就能接受新的文字意象，并根据语境理解其意思，就像理解文字表述的概念一样。

读者对"杰瑞在很小的时候就知道，孤独是一片沙漠"和

"杰瑞在很小的时候就知道,自己可能被孤立了"这两句话的理解一样迅速。大脑处理隐喻概念的过程不一定比处理文字意义的过程更复杂,科学家已经证实,大脑对这两者的处理时间是一样的。此外,即使心理学家向受试者展示了在同种语境下可以使用的另一个词语,他们还是无法忽视前一种表达中的隐喻意义。

这类似于向受试者展示用绿色粗体字写的"红色"两个字的实验。如果感官收集到的信息彼此严重脱节,受试者就很难立即指出文字的颜色,他们需要更长的时间才能做到这一点,因为他们正处于认知冲突中。这也表明他们无法淡化或忽略对文字的感知,哪怕他们知道,忽略文字会大大改善他们在实验中的表现。我们处理隐喻和处理文字信息是一样直接的,隐喻也可以被视作模型的一种形式。如果我们像许多语言学家一样,假定语言具有象征意义,那么区分隐喻意义和字面意义,就没有太大意义了。

因此,理解"我的工作是地狱!"这句形象的抱怨,和理解"我工作压力沉重,总是加班,永远无法得到老板的肯定,每个员工都行事敷衍,工资和报酬随意乱给"这段文字描述一样容易。"地狱"的比喻还会让读者添加自己的各种联想,增强了表达的生动性和真实感。

上述内容可以让我们得出一个重要的联系:故事需要听众或读者。没有他们的参与,故事将无法发挥作用。听众或读者加入自己的知识,调动个人经历,投入切身的情感,并发挥想象,故事才会变得(对他来说)可以理解,否则故事还是沉默不语的。

我们也确实这么做了，我们将自己代入角色，成为情节的一部分，情节也成了我们自己真实生活中的一部分。

11. 故事模糊不清，模棱两可

但是，如果读者的观点对叙事至关重要，人人都可以随心所欲地思考，注入自己的理解，"一千个读者眼中有一千个哈姆雷特"，那么故事的真相又在哪里呢？

正如前文提到的，叙事并不严格按照逻辑规则，也无须如此阅读。如果仅凭借理性，我们会对古斯塔夫的小故事感到困惑，他到底在不在家里呢？若将故事拆成若干部分，采用演绎推理法，对每个部分进行细致入微的研究，希望以小见大，这对于理解整个故事是毫无帮助的。归纳推理法的效果要稍微好一点，即从观察中推导出一般规律。然而，关键因素是人类的观点。布鲁纳就说过："叙事必须被解释。"

正因如此，加上每个人的解释都不相同，所以叙事并不只有一种解释，读者的观点因人而异，叙事因此有千千万万种解释，并且某种解释不见得就比另一种更优秀或更可取，无论其有多好的论据。因此故事的真相仍是模糊不清、模棱两可的。

将手伸进书架随意一抓，就能收获一大堆这样的例子。心理学家布鲁纳选择挪威剧作家和诗人亨利克·约翰·易卜生（Henrik Johan Ibsen，1828—1906）的三部戏剧作品，分别是《野鸭》（*The Wild Duck*）、《玩偶之家》（*A Dolls House*）和《海达·加布勒》(*Hedda Gabler*)。人们很难对这三部作品做出清晰明确、合乎逻辑的解释，也无法从中推导出一种普遍规律，所有的解释都在特定的主题范围内。

《海达·加布勒》中的主人公海达婚姻不幸，当与青梅竹马的恋人重逢时，她成了一个破坏者。她说她想要掌控别人，她不再将丈夫放在眼里，所以转身扑向旧时情人的怀抱。她先是逼得情人开枪自杀，然后跟着自杀了。这个海达是个什么样的人？是如同导演彼得·扎德克（Peter Zadek）所断言的，十九世纪的一个恶魔般的女人，因为她不愿遵守传统角色的束缚？还是布鲁纳口中的"一个被名人父亲宠坏的孩子的故事，一个死亡总和对完美的渴望一同出现的故事，一个自我欺骗和继之而来的同谋的故事"？

《玩偶之家》中，娜拉的丈夫海尔茂是一名银行职员，刚刚被提拔为经理。当他得知娜拉为了一次昂贵的疗养而伪造自己的签名时，他的世界观崩塌了：那个他视为心爱玩偶的妻子，竟是个满口谎言的骗子。经过一番费心的操作，他销毁了犯罪证据，以避免丑闻公开、前程被毁。危机解除后，他希望两人能够和好如初，继续生活，权当一切都没有发生过。娜拉这才幡然醒悟，丈夫关心的是荣誉、地位和表面的美好，他从未真正把她当回事，从未考虑过她。"我们的家不过是一个玩偶屋。待字闺中时，我是爸爸的小玩偶；结婚后，我是这里的大玩偶；我的孩子们则是我的小玩偶。"她决定离开这个男人和三个孩子。"娜拉是什么样的人？"布鲁纳问道，"一个早期的女权主义者？一个失意的自恋者？或者仅仅是一个为了尊严付出高昂代价的女人？"然而，易卜生在塑造女性角色时毫不留情、不同寻常，可见这是那个时代的典型现象。

在第三部作品《野鸭》中，作者也涉及了"真相"这个主题。批发商的儿子格瑞格斯·威利在离家多年后回到家中。在家乡，他遇到了儿时伙伴雅尔马，雅尔马现在是一名摄影师，已经结婚了。雅尔马有点不切实际，喜欢沉浸在幻想的世界里。最重要和最突出的象征是一只已经被驯服了很久的野鸭，他把这只野鸭养了起来，并把它纳入自己有关狩猎之旅的幻想中。当格瑞格斯发现批发商父亲与雅尔马的妻子有染，并且是他们女儿的亲生父亲时，他决定告诉雅尔马真相。格瑞格斯是真相的狂热追求者，他真诚地希望在澄清真相、扫除龌龊后，雅尔马的婚姻能够获得新的力量。但是雅尔马无法接受事实，自杀身亡。任何读过该剧剧本，或看过演出的人，一定会苦苦思考该如何理解它。布鲁纳也是如此："《野鸭》中的格瑞格斯是嫉妒还是理想主义的象征？还是正如剧本最后几行文字所暗示的那样，他代表的只是最后的晚餐中第十三位门徒的命运？"第十三位门徒就是犹大，他和其余十二位门徒与耶稣共进晚餐，然后出卖了他。

12. 叙事的三种真相

那么，叙事究竟有多准确、多真诚、多真实呢？虚构作品是否真如其名？易卜生的三部作品足以说明，就算是虚构的，戏剧作品也能比现实更加真实。现实往往蒙着一层神秘的面纱，让人只见树木不见森林，无法瞥见全貌。在叙事中，作者移走了几棵遮蔽视线的树，让我们能更好地观察。

奥特利甚至认为，小说不仅比现实更真实，而且真实性加倍。他认为，叙事有三种真相，我们通常所说的真相是其中之一。在谈及真相时，我们这些受过知识启蒙的人通常指的是可以验证的东西，也就是事实情况。这种真相我们将其称为真相一，自然科学或犯罪侦查学是其固有领域。例如，它描述桌子上物品的数量和种类，太阳和宇宙的存在，世界运行所依赖的客观规律和自然法则。它也描述了动物和植物的生命历程和成长模式：苹果按照生物条件生长成熟，又按照重力法则从树上掉落。它还描述了人类制品，如道路、汽车、互联网等。总之，就是我们认为自己的感官能感知到的一切东西。

其他形式的真相总是被我们忽略，可能是因为它们往往被认为是劣等的，但实际上并非如此。奥特利从复杂社会结构的内部连贯性中得出第二种真相，即每个人都认同的真相。之所以认同，是因为他们不知道更优的选择，也不想再继续探究，或者"探究"与否并不总是最重要的。社会群体的内部关系中就有很多例子。任何成长于基督教或犹太教家庭的人，都熟悉各自宗教的习俗与规则，都会认为信仰和信仰要求的行为模式是真实的，即使这些行为模式明显有悖于科学上和学术上的真实。一件事情不会因为大家都认为它是真的，且为它付出实际行动，它就会变成真的。上帝的存在无法被证明，习俗和传统无法被证明，童话故事和其他民俗也是一样，比如将温热的洋葱放在耳郭上有助于缓解耳痛的家族秘方。就连在一起简单地吃顿饭，都能在随意的闲聊中就某件事情达成一致，比如欧洲应该关闭边界，以防德国被外国人占领。人们的很多信念都来源于这一范畴的真相。

最后，第三种真相是具有个人或社会意义的真相。比如有些人知道吸烟会损害健康，但就是想要吸烟。吸烟有害健康这一点已被众多可信的研究所证明，属于真相一。但是吸烟者对这一真相并不以为意，或者说当下并不以为意，还是做出了吸烟的决定。同样，虽然有悖于真相一所证明的结论，一个社会还是可以决定无节制地使用化石燃料来满足自身的能源需求，从而加剧了气候变化。另一个例子来自饮食方面，绝大多数德国人希望每天都能吃到便宜的肉，不管大规模生产的商品味道如何，也不管动物是否痛苦，这种愿望推动了为扩大利润而压缩成本的大规模养殖业的发展。这一产业完全不顾对世界气候的影响，砍伐原始森林以建造单一饲料种植区，而这种大规模种植依赖的是植物化学技术。但是没有关系，只要购买一箱啤酒，就能拯救原始森林——这是广告暗示的所谓真相。所有的故事都是真相三，我们这些自认为受过知识启蒙的人一直认为真相一最为强大，但实际上，真相三要强大得多，至少目前强大得多。

此外，与政治有关的一切都是真相二和真相三的领域。一个国家认为什么是正确的，代表什么样的价值观，它对经济发展、少数民族共同决议权、妇女地位和能源供应的态度，这些议题的重要性和相互之间的关系大多在政治辩论中得到讨论和交流。

回到一开始的问题：叙事只是部分属于真相一的范畴，它通过描述真相二和真相三，让自己大放异彩。叙事研究者奥特利说道："因此可以说，小说的真实性是现实的两倍。"

总而言之，叙事可以得到昭雪平反了，小说至少和现实一样真实。进一步观察可以发现，叙事幻想和现实是紧密缠绕、难舍难分的。

四、摇篮里的故事

亲爱的莫里斯：

你可能不认识艾米丽·奥斯特（Emily Oster），她是所谓的不知名的名人。当她还穿着纸尿裤躺在摇篮里，无法表达完整的句子时，学者们就对她说的每一个词产生了浓厚兴趣。然而，学术界也不指望从她的话语中窥视到某种万有理论，艾米丽并不是个天才婴儿，但是谁知道呢，也许她有一些特殊之处，因为研究人员想通过她来研究儿童如何叙事，会叙述些什么。

父母定期在艾米丽的摇篮里放上一个录音机，就那么放在那里录着。那是二十世纪八十年代初，艾米丽当时在二十一到三十六个月之间，差不多两岁多。录音机记录下了艾米丽的牙牙学语和喃喃自语，记录下了她在做什么，又是如何解释自己所做的事。它不外乎是一些入睡前的自言自语、与父母的亲密交谈。艾米丽很喜欢说话，也会说很多话，她说的话涉及当天发生的事情、第二天打算做什么，以及父母给她读过的故事。艾米丽的父母都是经济学教授，艾米丽是他们的第一个孩子。这个年轻的家庭住在纽约高档社区的宽敞房子里，社区里还住着很多其他孩子。尽管父母合理分配时间，抽出很多时间陪她，她还是很早就上了托儿所，在那里，她交了一个名叫卡尔的朋友。艾米丽还有一个保姆，她叫保姆坦塔。坦塔在艾米丽的独白中出现的次数很多，坦塔的两个十几岁的女儿也经常出现。艾米丽的外婆"嬷嬷"住在附近，有时会过来照看艾米丽。艾米丽二十三个月大时，她的弟弟斯蒂芬出生了。三十一个月大时，如果坦塔没来，她就会去幼儿园，每周大约两到三次。"这些都是艾米丽生活中最重要的人物、环境和事件，构成了她说话的背景。"纽约州立大学发展心理学家凯瑟琳·尼尔森（Katherine Nelson）说。

尼尔森和前文提到过的布鲁纳，以及著名精神分析学家丹尼尔·斯特恩（Daniel Stern）都参与了这个项目，主要研究艾米丽如何用语言描述她的小小世界，以及这些描述是怎样随着时间的推移而发生变化的。在两年的时间里，研究人员定期碰头，一起聆听艾米丽录音机里的声音，后来将研究成果写成《童床解说》（ *Narratives from the Crib* ）一书，这一研究也塑造了艾米丽·奥斯特的记忆。"每当我想到这本书，脑海中就会浮现这样的画面：一群学者坐在会议室里，试图解读婴儿艾米丽的童言童语，这真是非常有趣的画面。"

其他人的童年可能只留在照片上，而艾米丽有自己婴儿时的录音。她每次听录音时，会注意到许多与她小时候类似的情况今天仍会出现，比如她仍然经常自言自语，让丈夫杰西误以为她是在和他说话；她仍然会使用小时候爱用的词语和表达，比如"这不是很有趣吗？"当她想破解专业难题时，她会关上书房门自言自语。"无论我在做什么，将思考过程说出声来，让自己听见，会有助于我思考。"尼尔森曾预测，婴儿艾米丽更可能成为一名历史学家而不是诗人。从某种程度上说，她的预测十分准确。艾米丽现在是一名经济学家，从事发展中国家的卫生问题研究。

1. 第一步：范水模山

要研究叙事，不可能跳过儿童。儿童如何描述他们的世界？叙事在他们梳理想法、思考他人意图中发挥了什么作用？换句话说，叙事究竟是随着后天成长渐渐出现的，还是婴儿在来到这世界上时，就已经具备的基本才能？

后者的可能性应该更大。孩子们有能够与人接触、交往的与生俱来的天赋。发展心理学奠基人让·皮亚杰（Jean Piaget，1896—1980）认为，新生儿只有一些简单的反射动作。不过，西雅图大学心理学家安德鲁·梅尔佐夫（Andrew Meltzoff）和后来的很多研究人员都已证明皮亚杰的错误，他们向世人提出了更接近真相的观点。梅尔佐夫拿着摄像机，走进位于其家乡的新生儿病房，并在婴儿面前扮演小丑。他或伸出舌头，或噘起嘴唇，或把嘴巴张成"O"形。婴儿们不觉得他的行为无聊或讨厌。从录像带里可以看到，他们欢快地模仿这个一头鬈发的大人的奇怪表情，吐舌或嘟嘴，即使出生仅四十二分钟的婴儿也会做出模仿动作。甚至在梅尔佐夫造访的二十四小时后，这些小受试者还会重复做那些新学会的表情。与生俱来的交流能力不只美国婴儿才有，在其他文化中进行相同的实验，得到了同样的结果。

梅尔佐夫的实验彻底改变了发展心理学，因为实验证明，婴儿出生时就对他们即将生活的世界是如何运行的有了一种概念：有一些人在等着他们的到来，最好尽快与他们取得联系。新生儿从一开始就准备好与其他人互动。婴儿会与其照顾者交换眼神、动作和声音。比起其他图案，他们更喜欢人脸；比起其他声音，他们更喜欢人声；比起牛奶，他们更喜欢母乳。研究还发现，比起陌生人，他们更喜欢照顾者的声音、脸庞、气味等特征。

对录像进行的精细分析表明，婴儿不仅能对他人做出反应，还能很快懂得向周围的人提出交流的要求。他们通过寻求目光接触或回避目光接触来引起母亲的注意。如果周围的人没有对友好的交流提议做出反应，或者没有注意到他们，他们的反应往往是尖叫或哭喊。当两个月大的婴儿期待着从环境中得到反应时，心跳会减慢；当反应发生时，心跳会加快。

心理学家将此称为"交流准备"（readiness for communication），即为即将发生的交流做好准备，这是人类与生俱来的能力。来自爱丁堡大学的英国儿童心理学家科尔温·特雷瓦特恩（Colwyn Trevarthen）创造了术语"初对话"（protoconversational），用来形容人类最初的沟通形式，包括动作、表情、简单的声音。这样的沟通是双向的，在进行初对话时，无论大人是回应他的目光，还是将注意力放在别的东西上，婴儿都会直勾勾地盯着大人的眼睛。如果照顾者面露喜悦，婴儿也会回以笑脸，并发出咯咯的笑声。婴儿和其照顾者传递的意思虽不尽相同，但是可以互相做出相同的表情，让这种互动可以一直进行下去。

2. 行为与大脑一起发展

毫无疑问，这种对于交流的生理上的基本设定构成儿童持续发展的基础。但是同样重要的是，婴儿期待的与他人、父母及其他照顾者间的交流能够成功进行。如果与成人的互动一再失败，例如孩子的父母抑郁消沉，将不利于孩子的进一步发展。

生物发育遵循着相对严格的时间表，这个时间表与大脑的成熟度相吻合。在怀孕期间和出生之后，婴儿的大脑中每秒会产生八千三百个神经细胞，一天就会产生七亿两千万个。然而并非所有的细胞都能存活，只有那些融入正在创建的神经系统、与其他细胞建立联结的细胞，才能留存下来，可能一直存活到人垂垂老去。这种成熟过程取决于细胞的活跃度，而细胞的活跃度受环境的影响很大。如果婴儿使用特定的神经元与环境联结，例如对母亲微笑、踢腿、目光追随或皮肤接触，会让神经网络变得更强大，信息在神经网络中的流动也会变得更容易。一开始，能够传送信息的可能只有几条没有明确方向的"野径"，后来会发展出越来越多的"马路"甚至"高速公路"。有了高速通信道路，孩子们就能更容易、更迅速地完成对环境的感知和在环境中的活动，最终形成常规。而没有融入神经网络的那部分神经细胞会死亡。这同样适用于突触，即神经元之间的连接点。信息流经这些连接点时，会强化突触；若无信息流过，突触就会退化。胎儿每秒钟形成的突触多达一百八十万个，出生一年后，这个数字会达到一千兆，也就是一千万亿。比较一下：据推测，宇宙中恒星的数量大约是这个数字后面再加上七个零。

　　婴儿出生时，神经元已基本发育完全，连接大脑中各个区域的道路网络也大致铺设完毕。然而，这个道路网络在形成之初，产生的联结仍比较随机，无法进行快速有效的运算。细胞有控制的自然凋亡就像是对疯狂生长的杂乱藤蔓进行修剪，将迷宫改造成能适应环境条件（即文化）的神经网络，从而能说这个文化的语言，知道如何与这个文化世界里的人打交道。

　　只有前两个步骤——多余的神经细胞死亡和多余的突触退化——完成之后，神经系统发展的第三个阶段才会开始，在这一阶段，大脑的完整功能将形成。这一阶段包括剩余的神经细胞的绝缘。最初，神经元是裸露的，它们仅由长长的纤维状的细胞膜组成，像一条长电缆一样连接着不同的区域。如果神经细胞存活并成熟，它们会用一个脂肪组织，即髓鞘来包裹自己。这样，这根"电缆"就与邻近的"电缆"绝缘了，电信号运行的速度因此变得更快，因为它们可以跳跃式前进。髓鞘将传导速度提高了二十倍以上，信息流速变快，不仅提高了反应时间，也提高了精准度，从而形成了一个明显更为高效的神经系统。舌头、嘴巴和声带灵活而协调的运动是语言产生的先决条件。这种精细化的动作也受到外界环境影响。婴儿不仅能够理解词语的意思，也能把词语听得更清晰，能更好地发音。

大脑的髓鞘化从出生后的头几个月开始，一直持续到二十岁，有时也会超过二十岁。最先开始的是枕骨下方处理听觉和视觉等感官刺激的脑区，随后是负责运动的头部上方脑区，婴儿学习坐、抓握和平衡靠的就是这一区域，最后是额头后面的脑区，位于这一脑区的神经主管人格、道德行为和错误控制，要到青春期后才能发育健全，一个人那时才具备工作能力。这个区域发展时，青少年可能会出现突然的情绪波动，对道德伦理问题产生强烈兴趣，还可能会出现严重的自我怀疑和自怨自艾。这往往会导致家庭关系的紧张，但是他们只不过是在从环境中获得他们所需的大脑刺激。

3. 环境和生物机制决定发展过程

这里指的是在人类社会中进行的精准化的个体发展过程。生物机制，指的是大脑的成熟和以遗传和生物化学为基础的过程，就像是一座山，水一定顺着山坡往下流，这是山的基本条件决定的。但是溪流或河水会从哪里流下来？在哪里拐弯？在哪里像瀑布一样飞流直下？这些取决于山的特殊条件。毋庸置疑的是，水一定会往下流，河床的形成最后会受到两种重要因素的决定性影响：生物因素和环境因素。若没有水，就不会有河流；若没有河床为水流指引道路，也不会形成河流。

也许有人会说，儿童获得认知能力离不开语言的推动。事实上，一些科学家的确认为，理解并说出语言是大脑发展的最重要驱动力。毕竟儿童从一开始就在一个以文字和对话为主导的环境中成长。但是，通过观察聋哑儿童和他们听力正常的父母，却发现了与此相矛盾的现象。这些聋哑儿童即使从未接触过手语，也能在一岁左右就使用指向性动作。这一点可以明确证明，心智化能力，特别是对动作的使用，是先于个人语言能力发展的，而非相反。

婴儿通过观察和模仿他人融入自己所处的社会群体，这种模仿有点像猴子学样。然后他们先理解意向性，再理解共享意向和合作交流。模仿会引导意图。只有在这些能力的基础上，儿童才会学习语言。每个个体的情况如此，在人类的进化过程中也是如此。（详见有关进化的章节。）托马塞洛也坚持认为"语言不是天生的，而是引导而来的"。

因此，寻找一个或多个与共享意向能力有关的基因，可能比寻找语言的遗传倾向更有研究价值。遗传学家们若在此深入探寻，可能会大有收获。

4. 一年的革命

婴儿天资聪慧，即使只有几个月大，对于他们所处的世界和人类社会的运作方式，已有相当深远的见解。不仅如此，他们还有与他人分享感受的强烈需求。心理学家将此称为"婴儿能力"。例如，若母亲将桌上的花瓶推到一边，六个月大的婴儿即可理解，这一行为是无意之举还是有意为之。七个月大时，他们从自己身上发现，与无生命的物体不同，一个生命体可以自主运动。他们很快就能理解简单的物理规律。如果一个物体沿着轨道朝着另一个物体移动，但第二个物体在没有与第一个物体有任何接触的情况下就开始移动，他们会感到惊讶，并期待有人能对此做出解释。在遇到不符合物理规律或超现实的状况时，他们的目光会久久停留。七个月左右，婴儿就会表现出典型的"认生"现象：他们抗拒陌生人的怀抱，只愿接受熟悉的照顾者的臂弯。

十二个月开始，一种全新的感知方式和理解社会环境的方式开始出现，这对下一步语言和文化的发展至关重要。婴儿表现出共同关注的行为，用心理学家的话来说，即展现出共享意向性，或"我们——意向性"。从这时起，婴儿以"我们"为出发点思考问题。这个时间点在生物学上早已决定，不会因父母或文化的影响而产生个体差异。在十二个月时，婴儿开始明白，其他人的行为、情绪或感觉是取决于外部世界或物品的。他们还注意到，自己可以吸引他人的注意，让他人和自己一起把目光投向某个物品。这一点从下列事实中就可看出：即使是婴儿，也已经能够敏锐察觉某个行为成功与否，他们显然可以理解何为成功，并且会视这些行为为榜样，仿效它们。他们也明白，哪些事情是由于某种原因没有达到预期效果的，也就是失败的，不值得仿效。

以上关于婴儿行为的认识均来自简单的心理学实验。例如，成人在十四个月大的儿童面前进行角色扮演，他们试图用自己的头去触碰电灯开关，以便打开房间里的灯。在第一个版本的表演中，演员的双手紧紧拉住披在肩上的毯子，身体不停颤抖，显然感到很冷。在第二个版本中，毯子被拿走了，演员两手空空，但是他仍然没有用手去开开关，还是尝试用头部。婴儿会如何解释这种对旁观者来说很奇怪的行为呢？

当轮到小家伙们开灯时，如果他们之前看了有毯子版本的表演，就会弯下腰来，用手去拨动开关。然而，如果给他们看的是没有毯子的版本，他们也会做出用头去触碰开关的动作。他们可能认为：如果大人两手空空，但还是用头，那一定是有原因的；但若是手里拿着别的东西，比如抓着一条毯子，就能充分解释，为什么明明用手就能轻松完成的动作，却要以一种奇怪别扭的姿势去做。由此可见，婴幼儿十分懂得衡量一个行为背后的动机，以及这个行为是在受到何种限制的情况下发生的。

5. 意图还是意外，婴儿就能识别

在另一项实验中，研究人员让十四到十八个月大的幼儿观察一个成年人对物品依次做出的两个动作。第一个动作：成年人从一个盒子上取下盖子，将积木放进盒子。他在完成这个动作时，清楚地说了一句："好了！"表示意图被成功实施。第二个动作则是故意让积木掉下去，同时发出"哎呀！"的声音，表示结果没有达到预期。

接着由这些被测试的孩子亲自尝试。结果表明，无论他们之前看到的这两个动作的顺序如何，模仿意图成功实施的动作几乎是模仿意图未能成功实施的动作的两倍。托马塞洛总结道："这表明他们区分了两种动作的类型，并且能再现成年人的意图，而不仅只是模仿看得见的动作。"

九个月大的婴儿在面对拒绝或其他消极意图时，会比面对因手忙脚乱而导致的失败行为时表现得更加愤慨。研究人员通过实验证明了这一点。在实验中，实验者将玩具拿到婴儿面前，吸引他们的注意力，但是并没有把玩具交给他们。在第二个版本中，实验者假装动作笨拙，将递给婴儿的玩具掉在地上。两次的结果一样，婴儿都没有拿到玩具。然而，如果故意不给他们玩具，他们的反应是生气。相比之下，六个月大的婴儿还无法辨别两种游戏有何区别。

实验中，若是有人表现出并不想一起玩游戏，孩子们会寻找新的玩伴，邀请其他人加入。如果其他人明确拒绝，他也能一人分饰两角。例如在搭积木塔时，他可以同时扮演玩伴的角色，与自己对话。这意味着他们能像裁判员站在高处纵览全局一样，看清自己在合作活动中的角色，同时他们也熟悉对方的角色，因此可以在对方缺席时为他代劳。其原因可能是，只有在不同参与者共同合作的情况下，才能把活动做得更好。在搭积木的过程中，他们有分享经验和提供帮助的内在动机。

成功进行互动是行为中的一个关键动机。十二个月大的孩子手指某物，若照顾者只是将注意力转移到这个物品上，而没有任何其他反应，孩子会感到不满意。而如果照顾者发出积极的信号，目光在物体和孩子间不停穿梭，孩子就会认为沟通成功进行了。心理学家将这种形式称为"三元交互"（triadic interaction），因为它涉及三个要素——两个观察者和一个被观察对象。

6. 第二步：识别意图

幼儿能够清楚地认识到同伴的观点，并能将自己置于他们的位置，进行换位思考。能够证明这一点的例子不胜枚举。如前所述，对社会环境的认识发生在孩子一岁生日前后，并在接下来的几个月里持续发展。具体来说，幼儿的"我们——意向性"可以从三个典型行为中看出：

第一，幼儿在看一个物体或一个目标时，会先观察有没有信任的熟人在看他。大多数婴幼儿在九至十二个月大时，都会发生这种情况。

第二，幼儿会追随熟悉的人的目光，看向他们正在看的地方。成人用手指引导幼儿的目光时，幼儿也能理解这种指向性动作。他们不会像黑猩猩那样，对伸出的肢体不知所措。这种行为出现在幼儿十一至十四个月大时。

第三，幼儿会试图将他人的目光引向某个物体或目标。这意味着他们不仅分享别人的注意力，也希望别人能够分享他们的注意力。这一行为从幼儿十三至十五个月大时开始出现。

托马塞洛认为，意向性的出现是人类思维发展中的关键，也是生物机制要求下的关键一步。这种感知形式能让孩子"沿着文化发展路线开始人生旅程"。了解他人想做什么，就能设身处地思考他人的意图。托马塞洛解释道："这种新获得的社会认知能力让儿童可以从他人的视角了解世界，他们也可以从这一视角了解自己。在个人的发展历程中，这是个至关重要的突破。"

如果其他人"和我类似"，对我自己行为有任何新的理解，就等于对他人行为有了新的理解。"我通过自己的心理活动，来模拟他人的心理活动，因为自己的心理活动是最直接、与自己联系最紧密的。"有趣的是，托马塞洛在此也提到了模拟，就像叙事研究者奥特利和马尔在谈及叙事的认知效果时一样。这并非巧合，因为意向性可以指向人工制品，即人类创造的所有物品，也关乎如何理解社会世界中的行为者，以及如何理解语言，也就是叙事。人们在自己的头脑中模拟他人头脑中可能发生的事情。这些模拟可能与物品、行动有关，也可能与语言有关。

一辆自行车、一把剪刀、一把勺子或一个铃铛有什么用途？如果我把自己放在制造者的位置上，就很容易理解。他们想拿它来做什么？有什么意图？道路、手机、电脑、激光笔、总统制政府、互联网、金钱和信用卡等，都与今天人类的精神世界及语义空间密不可分。如果某个人工制品来自其他文化或远古时期，那些不断萦绕在我们脑海中的"有什么用？""有什么意图？"的问题就会变得异常醒目。燧石刀、希腊花瓶、马车、磨坊水车、耙子、胶片等，都是今天不再使用或几乎不用的物品。短暂思考它们被制作的原因和使用的方法，将我们与其制造者联结在了一起，尽管这些制造者可能已作古千年。

7. 第三步：从物品到语言

人们可能会问：物品和语言有什么关系？事实上，两者是为了同样的目的而产生的。人工制品和指向性动作一样，将观者的注意力吸引到它们所包含的意向上，进而使用它们，在特定的情况下做出特定的行为，比如打球、用刀切割东西、用手机通话。语言也是一样，它的目的在于吸引他人的注意，提醒别人："看那辆车！"或者描述发生了什么事情："车撞到了花园栅栏。"这就是"语言指涉"（Language Reference）。托马塞洛总结道："语言是一种一个人试图将另一个人的注意力指引到某个地方的社会行为。"

因此，对于孩子来说，一开始最重要的是与交流对象处于同一场景，共享物理环境（指向性动作也包括在内）。如果你在电话中用手或用面部表情指向沙发上的抱枕，电话另一头的人将无法理解。因为就常理而言，电话无法给人提供视觉信息，对方看不到你在哪里，也看不到你的手指向哪里。这就是用外语打电话让人紧张和疲惫的原因，因为在这种情况下，你的手和脚帮不上忙。到访中国的西方游客遇到当地人上前攀谈，一般不知道对方在说什么，因为他一个字都听不懂。但如果这个当地人指着一所他们都能看到的房子说"fangwu"，游客就会想，这个词要么表示眼前这个特定的建筑，要不就是房子的统称。

只要对话双方处于同一场景，例如都在火车售票处，对话就会围绕着目的地、车票、几等座、旅客、出发时间、登车口、车费等展开，人们就有可能推断出一些词是什么意思。如果柜台后面的售票员不停喊着"shi，shi，shi"，乘客就能理解他也许在说站台号"十，十，十"。因为此时双方处于共享意向性的环境中，售票员知道乘客想去赶火车，乘客也知道对方想要帮他。

8. 学习新词汇

幼童在学习语言时，就如同身处异国他乡的游客。但是，与父母在一起，了解他们在共同的环境下做的事情，会让幼童有机会洞察一切。

如前所述，如果成年人在两个熟悉的物品旁发现了新的物品（对于成年人来说是新的），表现出惊讶，同时口中说着什么，十二至十八个月大的幼儿对此已有明确的概念，知道他们在惊讶什么。在一项实验中，实验者惊呼道："哇哦，这太酷了，你能把它递给我吗？"然后往三个玩具所在的方向模糊地指了一下。实验者已经和孩子们一起玩过其中两个，所以对这两个玩具十分熟悉，但第三个玩具对他来说是新的、陌生的，但是对孩子们来说并不是这样，孩子们对三个玩具都已十分熟悉。穿着尿布的受试者们不仅掌握了他们与大人之间的认知差异，还理解了大人的意图，所以拿过来的是成年人没有见过的那个玩具。虽然成年人只是粗略地指向玩具的方向，幼儿马上就明白了他的意思，即他想要的是那个新玩具。

在上述情况中，新的物品是互动的焦点；在另一种情况中，互动焦点转移到物品名称上。这两种情况很相似。在下列实验中，成年人用生词代替了用手指示该物品。

一个两岁的孩子与母亲及实验者一起玩三个新玩具，接着母亲离开房间，这时，实验者拿出第四个玩具，继续和孩子一起玩。母亲回到房间后，看到房间里有四个玩具，开心地大喊："哦！太棒了！有一个莫迪！一个莫迪！"孩子马上意识到"莫迪"就是新玩具的名字，因为母亲激动地大喊，只可能是因为她看到了之前没见过的新玩具。这样，孩子就学会了这个词。同时孩子也明白，大人希望他能够注意到这个新的物品。

托马塞洛解释说："对幼儿来说，只有当他们理解成人发出某种声音，是为了吸引他们注意某个东西，这个声音才会成为语言。"这些声音指向目标物品，只要记住这个声音，就学会了新词。接下来的例子会更加清楚地说明这一点。

9. 不同人称的动词变位

在一项实验中，实验者说他想找到一个"托马"，然后开始在每一个桶中翻找，每找到一个东西，都在仔细观察后又将它放回去，显然那不是他要找的"托马"。最后终于找到时，他露出心满意足的笑容，并且结束了翻找。在多次进行这项实验后，实验者发现，无论他在找到"托马"之前，拿到手里又放回去的东西有多少，孩子们都学到了"托马"是什么。而要做到这一点，必须懂得正确解读人的面部表情、肢体动作和意图。

　　在共享意向性的基础上，这些年轻的语言学习者也能迅速弄清楚名词和动词的区别。例如，一个成年人向一个孩子展示一段管子，物品可以从管子里滑下去。他将孩子不认识的物品一个个扔进管子，一句话也没说。在扔第三件物品时，他终于开口说道："现在该莫迪了。"然后，孩子们就知道这件物品叫作莫迪。

　　在相同的实验条件下，实验者拿出一个物品，用这个物品连续做了两个动作，然后一边喊着"现在该莫迪了！"，一边将这个物品扔进管子。实验结果显示，在这种情况下，孩子们会认为"莫迪"是一种他以前不知道的动作的名称，类似于"扔下去""丢下去"或者"投进去"。如果成年人在做出动作时，也说出不同主语下动词的变化形式，孩子们就能学会给"莫迪"做动词变位。在这两项说出"物品名称"和"动作名称"的实验中，孩子们认为，实验者说出的是这个场景中对孩子有价值的信息。幼儿在与其照顾者共同关注的场景中学习新词，他们的一天通常充满重复的例行活动，如起床、吃饭、洗澡、换尿布、去托儿所，以及观察父母一天的活动——出门上班和下班回家。他们生活在与照顾者的密集接触中，互相沟通，这些都是语言学习的关键经历。一项研究表明，十二个月大的幼儿与母亲共同关注一项活动的时间越长，他们在十八个月大时的词汇量就越大。

　　若是母亲不断向十二个月大的幼儿解释，他们在做什么、看到了什么、有什么计划、在想什么等等，也会产生类似的效果。例如母亲在盛粥时说："好，现在我们要把粥盛到碗里。"

　　以这种方式接触语言，并将语言和行为联系在一起的幼儿有更大的"被动词汇量"（passive vocabulary，能够理解其意思的词汇），一段时间后能够主动使用的词汇也会更多。

10. 对日常生活的探寻

在参与社会世界的过程中，幼儿最初关心的问题是分类。他们想掌握日常生活的流程，了解一天当中的正常情况是什么样子。在此基础上，他们才能认识到哪里出了偏差。例如，他们会用心记住自己先是醒来，然后是换尿布还是吃早餐，然后是玩耍还是去上托儿所。他们不一定清楚流程何以如此，对原因也不感兴趣。他们主要是想了解身边最亲近的人扮演的角色，自己在这些流程中又处于什么位置。"角色"这个词在此出现并非偶然，"角色"可以有各种形式。但是对孩子来说，形式无关紧要，角色是存在的才重要。

《童床解说》中的孩子艾米丽·奥斯特童年时代的睡前独白，就表现出对不断重复的日常琐事的着迷。美国哲学家和教育学家约翰·杜威（John Dewey，1859—1952）认为，语言为我们的思绪提供了井然有序的载体。世界上所有的杂乱无序之事都可以通过语言进行分类，获得关联性，从而产生意义。

不同于成年人总是在故事中讲述不寻常的事情，艾米丽讲述的都是再寻常不过的普通事情。她描述了日常生活的一般流程，并一遍又一遍地向自己重复。在这一点上，摇篮里的故事和成年人的叙事有着很大的不同。

艾米丽的叙述包含什么时候要去托儿所，在托儿所里的一天通常会发生什么事，以及保姆坦塔会在什么时候来接她。实际上，这种形式的反思不难理解，正如叙事研究者说的那样，儿童必须先学习日常准则，即生活的参考系或校准点。在此基础上，新鲜事物才能凸显出来。很可能正是因为如此，不同于成年人能敏锐地察觉到事情的变化，儿童非常排斥突发事件或偏离日常习惯的行为。弟弟斯蒂芬的出生对于艾米丽的父母而言无疑十分重要，但是在一开始，这件事并不是艾米丽关注的重点。

摘自艾米丽晚间独白的一段话清楚地表明了她对这种日常琐事的重视。如果仔细观察，我们已经能从她描述普通的一天或一周的话语中找到简单的叙事元素，比如强调正确的时间顺序，大概的因果推理。下列这段内容来自艾米丽三十二个月大时的录音记录：

> 早上，我们从床上醒来。首先我和爸爸、妈妈，你，吃早餐，像往常一样吃早餐，然后我们玩——游——戏。不久，爸爸过来，卡尔过来，他们玩了一会儿。然后卡尔和艾米丽下去到了车里，还有另外一个人，我们去了幼儿园（小声说话）。然后我们到了那里，我们大家都下了车，去了幼儿园，爸爸亲了我们，然后就走了。然后说，然后他说再见，然后他去上班，我们去幼儿园。这不是很有趣吗？因为有时候我要去幼儿园，因为今天是去幼儿园的日子。有时候我一个星期都在坦塔那里。有时候我们和爸爸妈妈一起玩。

但通常情况下，有时候，我，嗯，去幼儿园。但我今天早上去了幼儿园。在早上，爸爸在，当，而且通常，我们吃早餐，像平时那样吃早餐。然后，然后，然后我们玩，后来，然后门铃响了，卡尔来了，然后卡尔，然后我们一起玩。然后，喔……然后我们和一个人上车，开车去幼儿园。我们到达幼儿园时，我们每个人都下了车……然后我们走了，嗯，我想我们走了……他们亲了我们。她（大概指她的母亲）去上班，和别人一起，去见她的新学生，然后她来接我们，去工作。爸爸带我们去，妈妈来接我们。工作，然——后她回家，我们都睡了一会儿。然后你醒了，我们就去上学。呃，呃。

这段叙事大部分时间都是在处理规范，处理那些让成年人觉得无聊的平淡无奇的琐事，几乎所有的儿童叙事都是如此。艾米丽很好地掌握了事件发生的顺序，即"然后"发生了什么。她在描述父母的言行举止和背后的理由时，也能够站在不同的视角。

11. 叙事出现，并且结局圆满

在日常准则中，总会出现一些危机和问题。在上面的例子中，艾米丽描述了父母离开她时的情况和她的感受。在以下这段节选中，她描述了父亲想要参加跑步比赛却被拒绝的事情，并且对此进行了思考。录音时，她三十个月大。

今天爸爸去了，他想参加比赛，但他们说不行，所以他只能在电视上看。我不知道为什么，也许是因为人太多了。我想这就是为什么，这就是为什么他不能去……我希望能看到他。我希望能看到他。但他们说不行，不行，不行，爸爸，爸爸，爸爸。不行，不行，不行。必须，必须在电视上看。

艾米丽思考着主办方不接收父亲参加比赛可能是出于什么样的原因。她还想象着要是能在电视上看到父亲该有多好。最后，这个三十个月大的女孩使用了另一个典型的叙事元素：脚本。也就是明确清晰且始终如一的表达方法，就像同一种文化中的人所做的那样，所有人都会做，并都能理解相关内容。脚本代表着已知的程序，它们明确了接下来会发生的事情，从而为其他想法腾出空间。"参加比赛"就是这样一个脚本，它包括报名、抵达、跑步、与其他参赛者交谈、赛后洗澡，或许还有颁奖仪式、吃饭以及回城。"开车"或"游泳"同样也是脚本。

父亲：好的，然后我们会回来吃午饭，然后你睡一会儿。睡醒后，我们和 S 先生和 S 太太还有他们的孩子一起吃热狗。还有一大群其他孩子也会在海边吃热狗，吃完后我们就回家。

艾米丽：我们可以坐在海里！

父亲：是的，我们可以坐在海里，如果天气暖和，还能坐在沙子里。你可以坐在沙子里面，我们会带上你的洗浴用品……大海就像个游泳池，只是要大得多，而且还有沙子。

艾米丽：我还可以玩水！

父亲：没错！你可以玩水！

艾米丽：我还可以……（手舞足蹈）

父亲：可以！我们会玩得很开心的。不过你知道吗，你现在应该休息一下，这样我们才能玩得开心。

艾米丽：我想让你讲讲"野餐"的事情。

父亲：我该讲点什么？

艾米丽："野餐"。

父亲：野餐？不过要到星期天才……

…………

父亲：我们起床后做早餐，修剪草坪，去古董店，然后小睡一会儿，然后开车到海边吃热狗。

到了晚上，艾米丽会重复这些对话，并试图让自己理解这些聊天内容。例如：

我们开车去……

到海边去……

海有点远。

叭——叭——噗——噗

很远……

我想有好几条街那么远……

也许它在城市里，在海的另一边，在河的另一边。

也许它是在……

热狗将放在冰箱里。

冰箱放在水里，在海滩边上。

然后我们就可以进去了。

买一个热狗。

把它带到河边……

下列文字摘自艾米丽三十三个月大时的录音，其中出现了越来越多的结构性叙事元素，例如态度和目标，不同的时间层次，关于因果（"但是""和"）、时间（"当……时""之后"）的连接词。尽管读者可能并不能理解。此外，艾米丽还展现出激化事件的能力，或者说，她已懂得如何把事情变得富有戏剧化（如"对妈妈大喊大叫"）。最重要的是，叙事有了结尾，有了结局——对于这个圆满的结局，谁会感到惊讶呢？

我们买了一个宝宝。

（错误的开头，因为，那个，所以，因为，当她，所以）

我们以为是圣诞节礼物。

但是当我们去商店的时候，我们没有穿外套。

但我看到一个小娃娃。

我对妈妈大喊大叫，我说，

我想要一个这样的娃娃。

所以，当我们在店里买好东西后，

我们去看娃娃，她给我买了一个。

所以我有了一个。

12. 参观自然博物馆

无论那个娃娃，也就是艾米丽口中的"宝宝"，如今在哪里，艾米丽或许直到今天都还记得这个她热切渴望的玩具，也记得获得玩具的过程。这段真情流露的独白，甚至可能成为小女孩最早的记忆。因为在三岁左右（一般不会提前，可能会晚一点），"童年失忆症"（childhood amnesia）结束了，人们会从此时开始记住发生在自己身上的事情，形成"自传式记忆"（autobiographical memory）。

但是人类每天的生活经历不会不经筛选就被全部存入记忆，成为个人自传的来源。研究人员指出，除了伴随经历而来的感受，谈论这些感受，会对孩子以后的记忆产生更重要的影响。谈话会留存于记忆，闭口不谈的事情将被渐渐遗忘——在历史研究中是如此，在个人经历上也是如此。

凯瑟琳·尼尔森和同事明达·特斯勒（Minda Tessler）在一项实证研究中证明，谈论共同经历会影响日后的记忆内容和记忆的详细程度。两名心理学家请几位母亲带着三岁半的孩子参观纽约自然博物馆，其中一半的母亲被事先告知，除非孩子主动发问，在参观时不要和孩子讨论。另一半的母亲则可以与孩子交谈，就像平时参观博物馆那样。一周后，心理学家们进行了一次记忆测试，请孩子自由回忆，或者有引导性地采访这些孩子。测试结果显示，与父母交谈过的孩子对参观细节记得更清楚。

特斯勒和尼尔森还发现，与母亲交谈的方式也对儿童的记忆影响很大。的确，母亲对他们所看到的物品的名称和技术细节说得越多，孩子记住的就会越多。但是若母亲在交谈时采用叙述的方式，即创造有血有肉的角色，围绕他们看到的东西设计悬念，并通过角色的感受和情绪将故事说得丰满，孩子们的记忆效果最好。例如在谈论汽车时，谈论发动机性能、油耗、底盘、内饰和特殊设备属于使用范例式或科学逻辑式的谈话风格。叙事式风格会侧重于驾驶经历或体验，比如为什么祖母要开爸爸的大众面包车去购物，但她实际上对这款车的长度把握不准，也很难驾驭这么大的车，这也是这辆新车已经伤痕累累的原因。

13. 对话唤醒记忆，提高智力

在另一个类似的实验中，特斯勒更为深入地研究了不同谈话风格产生的影响。这一次，她邀请四岁的孩子与母亲到一个陌生街区进行一次摄影旅行。根据这些母子将在郊游和拍摄过程中采取的谈话风格，将他们分为两组，一组使用范例式谈话风格更多，另一组使用叙事式谈话风格更多。

　　一段时间后，特斯勒带着拍摄好的照片再次走访孩子们。她把孩子们分成四组，对他们进行了两次单独的采访。一次使用与他们的母亲相似的交流方式，范例式或者叙述式，另一次则采取和母亲不同的谈话风格。事实证明，孩子们或多或少保留了母亲的交流方式。此外，"叙事型"儿童比"范例型"儿童记住的细节更多，包括拍摄照片时周围环境的细节以及整个郊游的细节。至于能认出多少照片，两组并无太大区别。

　　特斯勒的结论是，对于一段经历的谈论能让日后对这段经历的记忆更丰富、更翔实。如果这些经历被嵌入到故事中，记忆会更加丰富。基于此，她的同事尼尔森提出"记忆谈话"（memory talk）这一概念。

　　记忆谈话对自传式记忆的影响程度在儿童之间也表现出差异性。例如，女孩的童年记忆比男孩形成得更早，她们能回想起更久之前的事情；有兄弟姐妹的孩子比独生子女的记忆形成得更晚；家中排行靠后的孩子比其兄姐的记忆形成得更晚。这也不难理解，因为母亲与女儿说的话比和儿子说的话更多；多子女家庭中，母亲与某一个孩子的交流时间少于独生子女家庭中母亲与唯一孩子的交流时间。并且，母亲与头胎孩子的交流时间要比排行靠后的孩子更多，毕竟长子或长女可以在几个月甚至几年的时间内独享父母全部的语言和情感关注。

　　母亲与孩子交谈得越多、越仔细，孩子们就越有可能讲出精心设计的故事，故事的时间和内容也越符合逻辑。如果两岁半的儿童经常聆听流畅连贯的故事，相比于对照组，他们在两年后能讲述更复杂更精彩的故事。相反，如果父母在与之交流时语言贫乏，孩子们讲述的故事往往较为苍白单调。

来自堪萨斯大学的贝蒂·哈特（Betty Hart）和托德·里斯利（Todd Risley）在一项研究中发现，单是听到的单词数量就能影响儿童的认知发展，至少它是衡量儿童成长水平的一个重要指标。两位心理学家记录了来自不同社会阶层的父母与孩子交谈的次数，他们挑选了四十二个家庭，每月登门拜访，每次记录下一个小时中父母和孩子的互动。经过对这些记录的深入分析，结果呈现出显著差异。在领取居民最低生活保障的家庭中，孩子每小时约听到六百个单词，在工人家庭中是一千二百个单词，在专业技术人员家庭中是两千一百个单词。

到孩子三岁时，领取低保的家庭和专技人员家庭之间的词汇差距已高达三千万个，这对儿童的智力发展产生了深远影响。孩子们听到的词汇越多，他们自己的词汇量就越大，在学校的总体表现和在智力测试中的表现就越好。值得注意的是，能产生这些影响的谈话都是面对面的交流，所以，电视上的话语并没有起到促进作用，反而会产生负面影响。基于这些发现，美国成立了"三千万字计划"（30 Million Words Initiative），试图鼓励低收入家庭的父母与孩子多交流。该基金会的口号是："利用文字的力量，培养孩子的大脑，塑造他们的未来"。该机构的支持者之一是美国前国务卿和前第一夫人希拉里·克林顿（Hillary Clinton）。

14. 叙事塑造了"我"

　　在与父母的交谈中，孩子了解到，人们会以叙述的方式组织发生在他们身上的事件。只有这样，每天涌入大脑的数以百万计的混乱信息才有意义。只有谈论经历，才会赋予经历叙事结构，叙事结构反过来又会构成对这些经历的记忆。尼尔森解释说："叙事确定事件的时间和空间，围绕某一个行动或目标展开，安排了惊喜、成功、失败、感受、道德等高潮。这种结构能对经验进行梳理，让人们有动机记住这些经验。"通过入睡前的对话或独白，儿童能够重新组织自己的记忆，或与他人分享，或深藏心底，从而形成自传式记忆。由此形成的叙事为经历提供了框架结构，让经历做好被存入记忆的准备。叙事的内容有时间和因果顺序，有能触动情感的问题，提供了向自己或他人讲故事的契机。最后，叙事的结尾要么找到解决途径，要么意识到事情本该如此。唯有叙述使人们有可能回忆起这些经历，将它们从尘封的记忆中唤醒。我们都有这样的亲身体会：在与他人交谈时，能够更快、更轻松地回想起事情，特别是当说话时的社会情境与记忆中的场景相同时。例如一对已婚夫妇坐在桌前，一起回忆几十年前一起骑车的场景，因为他们白天刚刚做了同样的事情。叙事、社会群体、共享意向，所有这些一起对记忆进行整理。

　　从进化的角度来看，自传式记忆如此重要，不仅是因为它反复谈到自我，一直围着"我"转，还因为它实际上是指向未来的。它们构成了一个经验的宝库，为可能以类似形式再次出现的问题提供解决方案。因为从进化的角度来说，建立在数十亿年发展基础上的任何东西，如果仅把它当成过去看待，将毫无意义。已经发生的事情覆水难收，无法修正。对生存竞争来说，只有那些能够从已发生的事情中得出成功策略以面对未来的人，才能从记忆中获得生存优势。因此，我们不该沉湎过去，更重要的是要反思过往之事，解决当下问题。想要避开危险的猛兽，必须知道它会出现在何方，在何种情况下才能躲过其攻击。"这种情况以前时有发生，在人类埋伏林间等待猎物的时候。你还记得野径交会的地方吗？就是两棵大树那里。我们避开那条路吧。"人们通过叙事交流重要信息，以避免未来的危险情况，或弄清异常情况发生的原因。尼尔森对此进行了概括："记忆提供了来自过去的信息，这些信息激发了当下的反应，让人们采取行动应对未来。例如那些有助于躲避危险的记忆。"

当然，在现在的文化圈里，不会再有人在草原上遇到危险的野兽，但是这个例子很好地说明了这一原则。在每天的日常生活中，我们不断地检查周围的环境。"后面那家伙是在朝我按喇叭吗？""我认识他吗？""现在是绿灯吗？"一旦我们掌握了按喇叭的意向性，知道人们为什么按喇叭，就能做出恰当的反应，例如和对方打招呼；在红绿灯变绿时启动车辆；或者在确认按喇叭与我们无关后，重新回到自己的思绪中。每天发生的事情中，有很多我们转天就忘了。然而，触动情感的经历、结论，出于特殊原因做出的决定，以及为了这个决定而展开的谈话和思考，都会进入自传式记忆。

对于孩子来说，这些记忆可能是买娃娃、掉牙、受伤、出丑或被孤立。年纪再大一些后，可能是考出高分、初吻、分手、职场失利或亲人去世。我们一遍又一遍地思考，试图理解这一切为何发生。如果仍未得到答案，我们会继续思索，甚至夜有所梦，还会与朋友或伴侣讨论，想要一起找出意义所在。这种状态可能要持续几天、几周、几个月甚至几年的时间。对于经历的不断回忆和反复思考也都被储存到自传式记忆中，自传式记忆因此成了装满有意义的个人经历的容器。尼尔森解释道："这样的意义也是共同构建出来的，因为父母为孩子提供了观点。若孩子认同，会将其采纳，形成自己的见解。若这个观点完全偏离了孩子的想法，就会被放弃。"她又说：

> 这一切开辟了全新的视角，从这一视角出发，我们可以探究：被打上文化烙印的愿望在构建自传式记忆、预测个人未来、发展个人目标方面所起的作用。现代社会中，主张权利、实现自我、发展个性的文化价值观十分突出，而且现在可能比以往任何时候更甚。在这样的框架下，儿童必须展现出不同于父母亲友的自我。

15. 给行为开"美颜"

虽然必须寻找意义，但过程并不总是和谐顺利。叙事不仅美好，还有重要作用。叙事是一种权力工具，可以让现实朝着有利于自己的方向发生改变。叙事可以给一个行为开"美颜"，为其辩护、粉饰，甚至扭转其本来意图。儿童很早就知道，不同的讲述方式会给事情带来不同的诠释，利用好这一点，可以化解或缓和与父母、老师、同学的冲突。

放学回到家的时间太晚，若是说为了送同学回家，因为同学害怕邻居家的狗，通常会得到原谅。有多少故事曾被用来为撕裂的裤子、踩坏的训练鞋、受伤的膝盖进行辩护？如果有人盗窃了一张下载音乐的优惠券，并用"其他人也这么做了"为自己开脱，是无法获得原谅的。所以，他会解释自己为何盗窃，在说出这个理由时，补上一句"不这么做会被人嘲笑是个懦夫"。

伊利诺伊大学心理学教授佩吉·米勒（Peggy Miller）就这个话题给出了有趣的结论。她记录了母亲与学龄前儿童的对话，以及有儿童在附近时成年人之间的对话。

故事如同河水一样源源不断，米勒每小时能记下八点五个故事，大约每七分钟就会出现一个。当然，这些故事并非精心设计的戏剧作品，只是一些日常生活经历，也就是这个年龄段的儿童通常会说的内容。三分之一的故事围绕孩子自己的行为展开，大多是一个简单的观点、一段线性描述。这些故事有时会突然逆转，有时会不了了之，有时也会出现结局。故事的主题包括暴力、攻击或威胁，有些甚至涉及死亡、虐童、家暴，甚至枪击事件，这些话题来自工人家庭环境，而非艾米丽那样的书香家庭。"缺乏监管，生活艰辛，现实残酷，构成了黑暗的底层文化，在这种文化环境中，人们会有意磨砺孩子，让他们尽早做好面对生活的准备。"布鲁纳评论道。

通常情况下，叙述者在故事中能够全身而退，并以直接的对话增强故事的戏剧效果，借此展现自己的自信。例如："她说'你快看那个大鼻子的贱——人'，我转过身来问她：'呃，你是在和我说话吗？'然后我又大声说了一遍，'你是在和我说话吗？'我说，'好啊，你这个邋遢的死肥婆，你要是敢惹我，我会用平底锅打你，把你身上的肥肉全都打下来。'"

因此布鲁纳说，这种做法是为了隐藏恶劣环境中的一些行为的危险性，以及如何用言语和行动来应对这些危险。这相当清楚地表明，讲故事不只是一件用以消磨时间的、可能无聊也可能有趣的事情，它也有文化目的，即在恶劣环境中找到自己的方向。

16. 故事对儿童的触动

故事的核心和关键是矛盾冲突、偏离规范，也就是文学理论家肯尼斯·伯克在"戏剧五因"理论中提到的麻烦，它与人物、情节和环境一起构成故事。儿童也会经常遇到麻烦。在熟悉了日常生活，初步理解了日常准则中哪些是寻常之事、哪些是可做之事之后，他们就会开始围绕不寻常之事编故事，试图通过这种方式处理那些不寻常之事。纽约大学心理学家琼·卢卡里罗（Joan Lucariello）证实，在四至五岁的学龄前儿童身上已经可以发现这种现象。她想知道是什么触发了儿童的叙述。

为了弄清这个问题，她将孩子们分成两组，分别给他们讲了不同的故事。其中一个故事讲述了一个普通的生日派对，有礼物、蛋糕，吹蜡烛，小寿星的一个同龄表兄来访，两人一起玩耍。另一些故事也是关于生日派对的，但是当中有一些细节偏离了可预期的正常情况。例如，虽然有热闹的派对、前来祝贺的朋友，小寿星却并不高兴，反而突然哭了起来；在另一个版本的故事中，有个孩子没有像平常那样吹灭蜡烛，而是用水浇灭了蜡烛。这些偏差是为了给预期框架制造矛盾。

接着，研究人员询问孩子们，在刚刚听到的故事里发生了什么事。事实证明，那些偏离常理的故事又成为一系列新故事的开端，由此发展出的新故事比由常规故事发展出的新故事多了十倍。孩子们显然更专注于为偏离他们预期模式或脚本的行为寻找解释。

例如，有个小男孩说，寿星一直不高兴，因为她忘记了自己的生日，也没有合适的衣服可以穿。另一位受试儿童则激动地描述，寿星是因为和妈妈发生争吵才哭的。表兄来访这件事也激发了更多的故事，虽然这件事并没有那么不寻常，但也由此激发出五个新故事。然而当孩子被问及为什么过生日的女孩是高兴的时，他们通常不知如何回答，只是耸耸肩——为什么？因为她过生日啊！即使五岁的孩子也天然地认为，理所当然的事情不需要进一步的解释。

17. 迈入文化世界

但他们是怎么知道的呢？即使这些孩子还没有太多生日可以忘记，或者可能正巧在生日当天真真切切与人发生过争执，他们仍然清楚地知道"生日"的脚本是什么，以及哪些事情不属于这个脚本。他们的经验一部分来源于亲身经历，一部分来源于他人的叙述。他们在记忆中储存下这一场合所具有的特殊性。他们已经给自己讲过故事了。

叙事不仅讲述个人经历过的事情，还打开了一条通道，让我们能够接触到其他人的经验、想法和观点。除了口头讲述，叙事还包括记在纸上和画在画布上的内容。这似乎是冗词赘句，因为在孩子的世界里，听故事或者读故事十分常见。但事实上，流传于世的各种叙事为人们打开了一条通向文化常识的通道。尼尔森认为："语言和文化不是独立的学习对象，它们是追寻其他目标时产生的副产品。叙事是一项能让人学会语言和文化的重要活动，无论其讲的是个人经历、虚构事件、宏大叙事还是神话传说。"

从一岁左右开始，父母（通常是母亲）或托儿所的保育员就开始给孩子们讲故事，讲述的主要是一些专门写给幼儿的故事。在德国通常会讲威廉·布施（Wilhelm Busch）、雅诺什（Janosch）、埃里希·凯斯特纳（Erich Kästner）、阿斯特丽德·林德格伦（Astrid Lindgren）、伊妮德·布莱顿（Enid Blyton）、米切尔·恩德（Michael Ende）、奥得弗雷德·普鲁士勒（Otfried

Preußler）等人的作品，以及《格林童话》等经典书籍。幼儿们在生命的早期阶段就接触到了不属于自己的故事和经历，也接触到了他们所熟悉的环境之外的人物。母亲翻开大开本的绘本，为还不识字的幼儿朗读故事。谁做了什么事情？农场里的一天是什么样的？哪些动物会发出什么样的声音？

18. 狮子戴德

父母在艾米丽二十六个月大时，为她读了美国插画家、儿童文学作家唐·弗里曼（Don Freeman，1908—1978）的绘本作品《狮子戴德》(*Dandelion*)。书中讲述了一只狮子某天早上收到聚会邀请后发生的冒险经历。这是一个阳光明媚的早晨，狮子戴德躺在床上，一边打哈欠，一边伸了个懒腰。他走到窗边向外看去，心想：不知邮差有没有送信来。他穿上一件卫衣，从信箱里取出一封信，信封上的字是用金色墨水写的。这是一份邀请函，来自长颈鹿珍妮弗，信的最后写道："来吧，不必拘礼。"狮子戴德照了照镜子，觉得自己的鬃毛不够好看。他去理发店烫了卷发，去修了指甲，去服装店买了一件优雅的格子外套，还搭配了一顶时髦的帽子。"多么时髦、绅士的戴德啊！"叙述者——戴德自己——评论道。

狮子戴德手里（或者应该说是爪里）拿着一束送给女主人的蒲公英，去参加聚会。但是长颈鹿珍妮弗没认出他，当着他的面关上了门，留下可怜的狮子独自站在台阶上。回家的路上，暴风雨来袭，雨水破坏了他的卷发，大风吹走了他的帽子。他脱下湿漉漉的外套，换上原来的卫衣。云开日出后，他决定再试一次。他在台阶边摘了蒲公英作为小礼物。这一次，朋友长颈鹿珍妮弗认出了他，所有的客人都热情地跟他打招呼。然后珍妮弗告诉朋友们，刚才有一只打扮得很可笑的狮子出现在门口，想要参加聚会。"那个打扮得很可笑的狮子就是我呀！"狮子戴德喊道，并向朋友们道了歉，"我向你们保证，我再也不会把自己打扮成那样了，我只要简单地做自己就行了。"在这个绘本故事中，Dandelion 有三重含义，一是狮子的名字，二是蒲公英（蒲公英的英文同样为"dandelion"），三是指花花公子（dandy）。

艾米丽的独白中出现了狮子戴德、聚会和自我发现的故事。再次一页一页翻看这本书时，她想起了故事的内容，开始喃喃自语地讲述起故事片段，以及自己对故事的理解。在下面的录音摘录中，引号里的内容是绘本原文，后面是艾米丽对它的评价：

"我是狮子戴德，他吼道……/……天开始下起暴雨"

我是狮子……戴德，外面在下雨，你最好一起出去/我是戴德，我想和你一起玩/而她/我想/然后就下雨了/你为什么……呃……什么也没拿。

"温暖的阳光洒在地上"

外面出太阳了

我？狮子戴德喜欢那个/（母亲）你不能留下那个

（??）或者

（其他母亲？）

（妈妈？）

狮子戴德

"我来参加你的聚会，他回答道。"

我来参加你的聚会，现在

我已经到了

这里好漂亮

一个人孤独

狮子戴德

"有一封信"

我知道你有一封信

没有衣服穿

衣服，我有

"狮子戴德在一个阳光明媚的周六早晨醒来。他穿上卫衣，走了出去……"

狮子戴德醒了

然后到外面去了

他是一个……

然后他是一个……

他将会是一个开心的

然后呢？

然后他一个人回家了

去一个朋友那儿

我是母亲

没有帽子的母亲

"他时髦的帽子被风吹走了"

我没有戴帽子

"多么时髦、绅士的戴德啊！"

我穿了可笑的衣服，母亲

然后，她又从头说了一遍简略版：

"我参加了你的聚会"

我来参加你的聚会

奉上帝之名

这是真的

我很快就会来

什么时候？很快

"我是狮子戴德，他吼道"

我是狮子戴德

我只是一只狮子

然后？？？就这样

"他发现了三朵蒲公英"

（？？）花

我们无法断言艾米丽是否完全明白了这个故事，至少从她的自言自语判断不出来。但可以确定的是，她在努力说这个故事。在艾米丽的独白中，出现了给她留下深刻印象的故事主人公狮子戴德。然后故事由信件、聚会、暴雨、衣服发展出危机感。但她没有遵从这个顺序，而是用想象力完成了自己的叙事。可以说，她似乎吸收了这个故事，然后从中发展出属于自己的故事。但是她的版本还不连贯，不是一个完整的狮子戴德的故事，她也遗漏了故事中狮子戴德学到的"教训"。

艾米丽理解上的漏洞也并不值得惊讶，因为这个年龄段的孩子对自我的概念还十分模糊，她不清楚一个人的外表和穿着会如何影响他人，也完全不懂"只要简单地做自己就行了"是什么意思，当然成年人也并不一定明白这一点。读到这段独白的人，都看到了一个孩子的意识正在势不可当地觉醒，就像故事中的云开日出。随着时间的推移，她的注意力势必如同太阳的万丈光芒，照亮天真世界的黑暗角落。

三岁以下的幼儿对于故事的理解和接受可能不符合父母或作者的期待，但是他们会从故事中发现属于自己的东西，对于故事的整体印象只有在不断重复阅读故事后才能形成。艾米丽会反复听、反复看这个故事，每一次听和看都会让她多理解一点作者想要表达的东西。

19. 宏大叙事提供了文化底色

狮子戴德的故事描述了人类叙事传记的一个重要篇章。儿童通过传诵不绝的故事接触到构成其所在文化和祖先经验财富的东西。这些故事可能是断简残编，可能是完整叙事，可能是转述复述，也可能是拼凑而来；可能是作者的亲身经历，可能取材自作者的故事宝库，也可能来自奇思妙想。这些大大小小的故事碎片代代相传，每一代人都将其传给自己的孩子，有的忠于原著，有的因时代变迁而有所更改，有的加入了现代元素。孩子们成千上万次与这些故事、歌曲、游戏（以口头、书面、绘画、歌唱的形式）相遇，在日常生活中，在入睡前，在等人来接时。幸运的是，以后出生的孩子还会继续与它们相遇。

在这个过程中，孩子们获悉了周围人的传统，在不知不觉中学习了他们所在的文化中的价值观、秩序和思维方式。所谓文化，就是我们每个人每天都在做的事，它是那么稀松平常，我们甚至感觉不到它的存在。尼尔森指出："孩子对于这种特定文化的了解，和水中的鱼对水的了解一样多，或者一样少。"

这种无意识的状况会持续一生，毕竟，人们该如何主动获知自己故事的基本色彩呢？又该如何为其命名呢？就好像要描述空气的颜色一样。尼尔森说，宏大叙事、神话传说，丰富的故事宝库，提供了文化底色，让人们能够理解或者知道，面对自己所处的社会环境，应该采取何种行为模式。

20. 大杀四方的忍者神龟和循规蹈矩的爸爸

正如之前已经指出的，要找到一些能清楚展现出人类的伟大历史是如何写成的细节，并描述这些细节的交互作用，并非易事。但是宾夕法尼亚大学的杰夫·温特劳布（Jeff Weintraub）和他的妻子——宾夕法尼亚州伯利恒市理海大学的安吉丽基·尼克罗普洛（Ageliki Nicolopoulou）有了初步发现。他们发表了一篇论文，表明在学龄前儿童的故事中可以找到神话类宏大叙事的影子。

两位心理学家对一个学龄前儿童班级进行了为期一年的跟踪研究，共收集了五百八十二份叙述故事。这个班级共有十四名男孩和十五名女孩，这些孩子都是四岁左右。从这些叙事中，他们首先注意到性别之间的明显差异，同时也看到了电视、杂志、书籍或游戏中出现的剧本、脚本、人物和孩子们的偶像。男孩们的叙述主要关于超级英雄和谁打败了谁，内容往往倾向于肢体冲突和打破规则，围绕着混乱无序展开，这些东西显然让男孩们着迷。比如一个典型的例子，四岁零八个月的约翰显然很喜欢漫画中的忍者神龟：

> 有一次，一个忍者神龟用枪打下一块岩石。莱昂纳多把石头劈成两半。莱昂纳多有两把剑。而站在高处的人开枪打莱昂纳多。一个女孩来了，她的口袋里有一把枪，她开枪射击。她骑着一个速度很快的东西，这个东西有两条腿，一直在跑，好有意思。一个像小狗一样的人来了：他是一个忍者神龟，但是背上没有龟壳。小狗人拿出手枪，向高处的人开枪。高处的人叫作孔-阿-莱斯特（Cone-a-lest），他也朝小狗

人开枪。他们打了起来。他们听到一个声音在叫："小狗！"那是一只狮子。发生了一些事情，然后出现了一只剑齿虎。他大声咆哮，他没有看到狮子和下面的人，然后他不见了。没有了。

战斗的忍者神龟、可怕的恐龙、超人、宇宙巨人希曼、蜘蛛侠、熊、狼、老虎、能摧毁整栋楼的麋鹿，都是男孩故事中的主角。故事情节跳跃，没有什么连贯性（比如约翰故事中的"发生了一些事情"），通常只是在描述一些纯粹的行为，叙述者都不知道自己在讲什么。

女孩们的故事则大多与王子公主、正常的家庭关系、兄弟姐妹、结婚与婚姻有关。她们的叙事富有条理，情节连贯，故事内容大多围绕家庭生活、家庭关系的发展和可预见的回报展开。故事中偶尔也会出现怪兽，但它们没有太大的危险性，反而亲切和善，能够融入和谐的生活。下列故事来自同样是四岁零八个月的波莉，主要讲的是主人公一天的日常生活：

从前有一个妈妈、一个爸爸和一个宝宝，还有一个哥哥、一个姐姐。爸爸和妈妈去上班，哥哥和姐姐照顾宝宝。然后妈妈下班回家了，爸爸下班回家了，他们一起吃晚饭，然后去睡觉。他们醒来，妈妈喂他们吃早饭。

简而言之，女孩们的故事可以说是在描述社会秩序，而男孩们的故事则表现出对无序或打破秩序的迷恋。但是，这里要讨论的重点并不是性别差异，而是儿童如何从他们挑选出的故事中吸取他们认为成功的东西，发展出自己的故事情节，在此过程中，他们成为文化的承载者。尼尔森说："从这些故事中可以清楚地看到社会和文化矩阵，这些小叙述者的世界观据此形成。"

21. 叙事是种黏合剂

叙事对人们的思维产生了广泛的影响，它同时也是人类的工具，随着人类的不断使用而发生变化。叙事不仅能激发创造力，为各种事情缠绕在一起造成的混乱带来秩序，并剔除无关紧要的东西。它还将个人经历沉淀成故事，形成我们中的"我"。这个"我"能够在严密叙事中持续发挥作用好几年，甚至好几十年，并且显得合情合理。叙事也是传递文化知识的载体，告诉人们什么是正确的、什么是错误的，并给出理由。但是在我看来，最重要的是，叙事是一种将一切凝聚在一起的力量。尼尔森认为，叙事就像"一张网，连接了我们的记忆、我们的自我、我们社会中的他人和我们所处的文化。"

经过分分秒秒、年年岁岁，这张网将我们的生活联结成自传，自传中的情节如珍珠一般串联排列，大部分被略过，但形成了一个有意义的整体。无论故事是关于爱恨情仇还是亲朋邻里，若只将其看成是孤立的，则很难讲述它，唯有将其与其他故事联结，才能言之有物。故事调和了自我与他人、寻常与特殊的关系。总之，现在的故事与前人的故事联结交汇，流传于后世，这些故事又会和后人的故事继续交织缠绕，绵延不绝。

人们可能会沉迷于这些故事的魔力，但我们又该如何讲述自己的故事呢？我们是不是应该反过来，活出属于我们的神话和叙事呢？

五、故事中的"我"

亲爱的莫里斯：

　　我该如何告诉你我的生平呢？我该从何说起呢？以一串数字配上关键词？一九六四年六月二十一日中午十二点出生，一九七〇年九月十五日开始上学，一九八四年七月十日中学毕业，一九八四年十一月一日进入大学，等等等等。还是以照片的形式展现我的生命历程？抱着入学礼品袋的我，在大学聚会上抽着烟的我，与孩子一起坐在沙滩上的我，五十岁生日时与亲友欢聚的我。

　　或者通过各种版本的电脑操作系统展示我的生平，那些操作系统带有貌似和谐的音效和画面，就像文档中的光标，一直陪伴着我。或是借助那些被丢到一边的、电池报废的、严重磨损的旧手机，它们记录了我匆忙定下的约会、爱的誓言，连来电铃声也成为往昔岁月的背景音乐。人的一生，用几个简单的动词就能概括：出生、成长、学习、恋爱、吃喝、庆祝、哭泣、旅行、睡觉、工作、怨恨、离开、挨饿、死亡。也可以用历史事件来描述个人生平：古巴导弹危机，冷战，北约成立，柏林墙的倒塌，前南斯拉夫内战，欧元，中国和亚洲的崛起，"阿拉伯之春"，金融危机，欧元危机，俄罗斯进军克里米亚。

我的"我"可以有很多不同的方式回忆过往，但是，无论内心的观察家如何努力，也无法逃脱叙事的网络。如果数字背后没有故事，数字就没有任何意义。一九八三年三月十二日，阵痛出现时我们在家里，并打算在家里分娩。雪下个不停，半夜里我们不得不开上破车，离开村里的小屋，前往城里的医院。

生命中没有不能以叙事呈现的记忆。除了叙事，也没有其他方式可以描述一个人一生的时光。甚至时钟、日历，以及与这两者相关的周期性或连续发展的想法，也都可以用叙事描述。即使人们设计一种年鉴，按照时间顺序列出重要事件，标上日期和关键词，这种年鉴也只是代表了生命中各种有意义的片段，代表了有内在联系的各个故事，或者什么都不代表，没有任何意义。比如年鉴中有个条目为"圣瓶庆典"，可能所有人都会疑惑：这究竟是什么意思呢？

我们找不到其他方式组织自己的经验，唯有叙事。很大一部分原因在于，过去的事情已经以叙述的形式储存在了我们的记忆中，这一点我们已经从儿童的对话和自语中获悉。因此，几天或几十年后想找回记忆，只能遵循叙事的形式。不过，更有可能的原因是，记忆的运作方式根本就是一种叙事方式。

1. 我是谁，我是怎么成为我的

一个人的生命故事不是随机的，它为关乎个人最重要的问题提供了答案，也就是那些关于存在、身份、过去和未来的问题。

我是谁？

我如何成了现在的自己？

我的生活将何去何从？

这些问题都可以在自传中找到答案。答案并不一定要以文字形式写下来，虽然很多人都产生过这样的冲动，特别是在桑榆暮景之时。大多数时候，答案只是一些口头叙述，或者只是自言自语或默默思考。尽管故事可能并不能完整包罗人生，书写自传的大笔却一直挥舞不停：在餐桌上、家庭宴席上、朋友聚会上、公交车站上，在枕边；通过手机里的、箱子里的、相册里的各式照片，或者冰箱上的冰箱贴、短信中的文字。每一个记忆碎片，一些看似无关紧要的时光，都被"我"这个叙述者串联成一个意义深刻的整体。"我"编织了一张网，从自己的出生，甚至父母或祖父母的出生开始，讲述起他们的生活和特质，最后结束在一个怀念祖母的孙子身上。每个人都需要自传，为了个人的存在。

自我叙述不是简单地重复过去的事情，它定义了与朋友、同事、邻居和熟人之间的关系，它为自己的错误、才能、成功和失败找到理由，它也证明了自己是一个值得尊敬的正常人。乔治敦大学的语言学家夏洛特·林德（Charlotte Linde）解释道："为了能在社会中立身扬名，为了能给他人留下体面稳重的好印象，每个人都需要一个连贯、可接受，且能不断修订的生命史。"

因此，自传无法独立存在，不仅是因为"我"，也是因为其他人。正因如此，自传如何为他人接受，早已被纳入人们的思考范围。文化潮流与时尚趋势提供了认知模式和角色范例，让人明确了令人向往的生命史是什么样子：漂亮的妻子和有钱有势的丈夫，聪慧伶俐的孩子，宽敞明亮的公寓，志同道合的友谊，奢华度假或冒险旅行。——如果不同意，请划掉这一句。

2. 自传式思考

生平事迹描述了梦想、愿望和恐惧，展现了意义、目的、价值和个人特质。许多研究表明，它是身心健康的重要调节器。就连那些只为了娱乐而产生的故事也不例外。

但自传式思考是一门高超的艺术，从生物学的角度说，它是人类最伟大的天赋之一。人脑中的自传式记忆需要几年甚至几十年的时间才能充分发展，产生以自传为依据的推理能力，写出复杂的"我"的故事。这一点可以从歌德大学心理学家蒂尔曼·哈贝马斯（Tilman Habermas）的研究中得到证实。哈贝马斯是生命史研究领域中少数的德国顶尖专家之一，他致力于研究自传式叙事意识如何在青少年身上逐渐显现，并在其日后的生命中持续发展。毕竟，一个人年老时和年轻时的回忆有很大的不同，特别是当疾病的阴影笼罩着未来的时候。

哈贝马斯与同事们一起采访了八岁、十二岁、十六岁和二十岁的受试者，向他们提出了一个非常简单的请求：请他们讲述自己的生平迄今有什么值得一提的事，任何事都可以。在比较这些叙事后，可以轻松看出其中的差异。

一个八岁半的男孩，我们叫他马克斯。在被要求描述他如何成为今天的自己时，他说出了下列这段话：

> 读书写字对我来说十分重要，开始学习读和写时，还有算术——（面向采访者）我可以重新开始吗？我得从我小时候开始说起。（采访者：当然可以。）当我开始走路时——（马克斯停顿了一下，采访者对他说："如果你愿意的话，你可以告诉我事情更多的细节。"）好的。当我第一次去学校的时候，我非常兴奋。——到今天为止，我身上发生的所有的事都要说吗？（采访者：是的。）那真的有很多很多事情要说。然后是，当我第一次坐在飞机上时，我很害怕，也很兴奋。还有——我有一次去了医院，我有点，我很害怕，我非常担心自己可能得了肺炎。——还有我去学游泳，我那时还不能游泳，还不会游……

就像这样，马克斯继续提及了一个又一个经验。他描述了自己情感波动的高峰，那些让他兴奋、喜悦、害怕的时刻。他的叙述是这个年龄段孩子的典型。

3. 十二岁看懂日历，十六岁读懂心理

与此形成鲜明对比的是，十二岁的孩子已经能按照时间顺序描述事件。哈贝马斯写道，他们的自传很像程式化的个人履历，或多或少局限于人生必经阶段：幼儿园、小学、转学，有些还包括一些"第一次"，如初吻或第一支烟。哈贝马斯说："许多叙述一直说到当下才结束，结束在小团体中的嫉妒和背叛上，或结束在足球这一不断重复的话题上。"这个年龄段的自传仍然只是一个简化的框架，但是已经符合"基本的文化和时间规范"。

十六岁少年的生命史就丰富多了。他们不仅在叙述时严格遵循时间顺序，还能提炼出生命历程的主线，继而从反映青少年动机的心理学角度进行观察，最后给出个人主观的评价。研究人员表示，与年幼的孩子相比，这一年龄段的孩子的自传已经具有真实自传的模样，因为叙述者试图创造一条"叙事弧线"，并通过那些能塑造个性的重要经历，表达出他们在成长之路上的感受。此外，他们在故事中特别强调那些发人深省的经验，这些经验让他们知道生命中最重要的是什么，并讲述了自己希望如何改变人生方向。

4. 二十岁：第一次绽放

十六岁的人与二十岁的人最大的区别是，后者已经进入大学或已接受完职业培训，所以他们对自己的职业生涯已有（或该

有）思考。这种情况造成了一定程度的不确定性。哈贝马斯及其研究团队认为，有些叙述能让人明显感受到那种处于十字路口的彷徨。另一些叙述则始终保持着连贯性，将人生发展建立在过去经历的基础上，现在是依据过去的轨迹发展的必然，指向一个预设好的未来。研究人员说，在这个年龄段，人有更强的"自主选择意识，但也因无从选择而感到沮丧"。一些二十岁的年轻人正在探索自己的身份，另一些人则宁愿这一时段赶紧消失。

叙事研究专家描绘了一幅清晰的画面，勾勒出随着年龄的增长，青少年和年轻人自传的发展弧线：八到十二岁之间，开始显现出将时间连贯性纳入叙事的能力。这里的连贯性指的是前后一致、合情合理，或具有内在逻辑。十二至十六岁之间，开始发展出判断因果逻辑的能力，叙事者能说出内在原因，解释为什么一件事一定会发生在另一件事之后。最后，十六至二十岁之间，会发展出提炼主线的能力，能列出从出生到现在发生的一些最重要的事件。在这一年龄段，个人关注的重点所占据的篇幅越来越大。

由此可以推测，青少年自传叙事的发展与大脑的成熟度息息相关，大脑的发展可以一直持续到三十岁（详见关于儿童发展的章节）。然而，生物机制同样会受到外在影响，即文化影响，两者缺一不可。青少年已经理解构成生命历程的基本要素，以及应该如何讲述它们。他们明白，虽然自传是由自己所写，读者却并非只有自己。周围的人是离他们最近的读者。除了精彩的娱乐效果，读者还要求自传符合一定的标准。有开头和结尾就是永恒不变的标准，正如对德国和丹麦青少年的研究所显示的那样，年龄越大的儿童，他们的叙述中开头和结尾所占的比重就越高。这些故事从叙述者的出生开始，被置于一个具有特别意义的背景中，故事一直进行到叙述者当下的生活，并以对过去的总结和对未来的期许和展望结尾。

5. 自传式论证

根据哈贝马斯的观点，进行自传式论证要求一个人以陌生人的眼光观察自己和自己的生活。其实，我们在解释眼前的状况时，经常使用这种分析形式，有时甚至是在不自知的情况下。这些状况可能是内心的动荡，可能是一场争论，也可能是一次迫在眉睫的危机。叙述者认为，这些麻烦必有其源头，他们尝试找出发生过的类似情况，这些情况也许揭示了连自己也不清楚的自我特质。因此，叙述者进行各种假设，通过自我对话或与他人交谈挖掘自我，将各种经历联系起来，最终从过往找到原因和动机。

儿童很少使用这种复杂的自传式论证方法。但正如研究所表明的，随着年龄增长，哈贝马斯描述的自传式论证模式的出现越来越频繁。自传式论证的一个高潮在青春期儿童身上出现，这个时候的叙述者会把对他们有特别意义的事件挑出来，放到一个故事的结构中，串联起来，并和自己的生活目标或自我身份联系起来。尽管故事中的时间不断推移，但是故事的叙述者保持着连贯性，他多年来一直坚持自我，但也总保留着改变的自由。

按照哈贝马斯及其研究团队的观点，自传式论证会从生平经历中提炼出个人发展的主线，帮助人们区分每个事件的重要性和意义，从而确认自我的发展。西华盛顿大学心理学家凯特·麦克莱恩（Kate McLean）通过研究证明，青少年若能依据自我定义的记忆解释自我特质，会比不能进行这种解释的同龄人更为成熟，更为严谨周密，也更不容易孤僻乖戾。

哈贝马斯与埃默里大学心理学家罗宾·富沃什（Robyn Fivush）写道："叙事为塑造自我身份和自我对话提供了最灵活的格式，因为它赋予了不断变化的时间连贯性，同时又为改变保留了空间——一个可以再度用叙事进行解释的空间。"

6. 家庭及家庭叙事

通常是母亲向孩子讲述其出生故事，描述他们出生时的细节，还有他们到来之后家人们是如何相处与生活的。随着孩子长大，这种单方面的灌注式主讲角色将渐渐退居二线，取而代之的是对话人或提词人角色。在谈及过往时，母亲引导孩子去想什么时候发生了什么事情，为什么发生，并不断给予提示，或纠正事件发生的顺序。可以说，母亲提供了一个让孩子发展个人生命史的框架，并在与孩子的对话中给予关于孩子自我特质的提示。

下列对话节选自哈贝马斯研究团队的论文，对话关于十二岁的儿子彼得是个简单随和的人这一特质，十二岁以上的孩子经常得到这类提示：

妈妈：你去日托班的时候很顺利，完全没有问题，即使离开家也没有问题。他，你（彼得："融入进去。"）很快就融入进去，就像我说的，你交到朋友，特别是丹尼斯（彼得："是另一个丹尼斯。"），还有一个丹尼斯，没错。我想说，你从来就是个简单随和的人，从你出生到现在，这个特点就像文学作品中的主线，贯穿你的生命，一直到现在。你同意吗？

彼得：对。我同意你的观点。好吧，虽然评估自己的性格并不容易，但是我同意你刚才所说的。很多事情在我眼里都不是大问题。

妈妈：你很有天赋，你只要坐在架子鼓前随便一敲，就能敲得特别棒。

彼得：嗯，我确实很有音乐天赋，但是……嗯……从来没有，没有好好发展。

妈妈：你还记不记得小的时候，大概是两三岁，你给自己做了一面鼓？（彼得："记得，我看过照片。"）是用纸箱和做饭的锅做的。

上述例子完美展现了母亲和儿子是如何交流的，这个过程中不仅有信息的交换，还有评价、商量、确认和补充，甚至提到了孩子只能通过照片记起或以为自己记起的事件。这样一来，这些事件就产生了意义，成为男孩自我特质的证明：对一切都视若等闲，并拥有音乐天赋。通过这段对话，母亲对儿子即兴鼓乐的记忆成了儿子自己的记忆。

家庭传统影响人们的叙述方向，也影响人们对自我的追求。据估计，在一个小时的家庭聚会中，会谈及过往约十二次。正如前文所述，这些涉及过往的话题常常与性格或个人特质有关。例如父母会说："你从小就是个快乐的孩子。"但是在这一点上，不同文化之间也有差异。德国成年人回忆的往事，通常与自主、独立和自信有关；而印度父母在叙述回忆时则会更强调家人之间的关系，以及相互依赖。

7. 孩子的叙述与父母如出一辙

亚特兰大埃默里大学的罗宾·富沃什和她的研究团队发现，家庭故事往往涉及该家族的特殊传统。心理学家分别旁听了欧裔和非裔美国家庭在餐桌上的谈话，初步证实了他们的猜想，即大多数故事都是围绕家人的日常经历展开。然而，大约百分之二十的故事都与特殊的家族历史有关，这些故事来自父母或祖父母，包含了共同生活的基础经历，例如："那是在我们快搬家前，爸爸得到了部门主管的新工作。我们在创业初期必须非常节约。"

富沃什、哈贝马斯和另外两名研究人员在一篇文章中对这一发现评论道："鉴于这些对话通常是无缘由地出现在普通的聚会上，因此可以确信，家庭故事是经常出现在日常交流中的。"

这些故事就像参考资料一样，青少年可以选择接受或拒绝，或者有选择地接受。毕竟，未成年人正面临着互相矛盾的双重需求：一方面，他们希望并需要把自己从家庭中分离出来，以发展属于自己的个性故事；另一方面，他们也希望维持身边亲人的价值观与信仰，因为这些代表着他们的出身。在这个过程中，祖父母、父母和孩子之间的叙述起着重要作用。它们不仅建立起了如传家宝一般代代相传的家庭传统，也能将青少年自己的成长经历与其父母和祖父母的成长经历相联结。

研究表明，父辈的叙述形式是孩子组织自身经历的模板。例如，若青少年在叙述中提到，他的母亲在描述自身经历时总是喜欢夸大其词并突出负面情绪，他自己的叙述也同样夸张和消极。

此外，父母在谈到各自的童年时，叙述的主题也有所不同。父亲更强调他们的独立自信和执行力，母亲则更关注社会互动和情感关系。而孩子的性别也会对父母的叙述产生一定影响，无论父亲还是母亲，都会对女儿讲起团结和睦的话题，对儿子则更倾向于谈论能力和毅力。研究显示，父母对待孩子的方式并不一样，他们会选择自认为孩子更喜欢的话题作为讲述重点。

8. 传统是如何形成的

这种叙事上的差异会在日后直接反映在聆听者身上。当被问及父母的童年生活是什么样的，男孩和女孩都会得出以下结论：父亲的成长过程是关于设定目标和实现独立的，母亲的故事则主要讲述对她们影响深远的社会关系，以及她们对这些社会关系产生的情绪和感受。

因此，一名男大学生在讲述他的母亲在其学生时代目睹同学自杀的经历时，使用了母亲情感丰沛的叙述风格。在他的描述中，母亲因为学业压力太大，离开房间去外面透透气，散散步。当看到宿舍外围了一群人时，她感到十分担心。他描述了母亲是如何好奇地挤进人群，眼前的景象又是如何让她惊愕失色：她的一名同学，也是与她的宿舍仅有几道门之隔的邻居，因再也无法忍受考试及课程的压力，从窗户跳了下来。"悲痛和自责淹没了我的母亲，尽管与那位同学只有过短暂交流，她还是扪心自问，自己是否曾有机会帮助她。这件事让她意识到生命是如此脆弱，没有人能预料下一秒会发生什么，也没有人能得到绝对的保障。"这件事发生好几年后，叙述者才出生，但是事情被反复讲述，并在被讲述的过程中发生变化。如此一来，母亲的解读成了叙述者自己的解读，母亲的记忆也成了叙述者自己的记忆，这个记忆甚至可能会延续好几代人。

一般来说，男孩更容易模仿父亲的沟通方式，女孩更常以母亲的沟通方式为模板。如果让大学生讲述自己的成长历程，我们就会发现，女生们的故事明显比男生们的更为感性，更具社会导向，时间和内容也更具连贯性。就叙述主题和风格而言，学生们的故事与他们父母的故事呈现出惊人的相似性，这一相似性萌芽于孩童时期，一直持续到成年之后。富沃什与哈贝马斯及其研究团队总结说："父母在讲述自身经历时，如何向孩子们展现自己的身份特征，似乎会影响青少年构建他们自己的'叙事身份'

（narrative identity），而性别似乎也在其中起到举足轻重的作用。"

同样，家庭的主要叙述风格，也会影响儿童的叙述方式和对世界的体验方式：如果家庭故事围绕着家人间的凝聚力展开，并在涉及生命中所遭受的挫折时有强烈的情感表达，下一代会表现出较强的自信心、较高的社交能力、开放的心态，并且不易焦虑和恐慌。富沃什解释说："家庭故事是帮助儿童和青少年发展身份认同和促使其追求幸福的重要支柱。"

研究也清晰地指出性别差异：女儿们在形成自己身份认同的过程中，一般更依赖祖父母和父母的故事。她们根据父辈和祖辈的故事理解和整理自己的生活经验，在是脱离还是认同这些故事及其价值观的问题上，更容易找到平衡，从而获得更多的自我满足。儿子们则很难找到平衡，他们越是认同前几辈人及他们叙述的故事，自己的个性发展就越是滞后，因此他们也就越不满足。男孩必须摆脱家庭束缚，特别是母亲的影响，并尝试新鲜事物，以建立自己的身份，就像探索未知地区的探险家那样。不过，这种个性差异并非一定是由于生理因素而产生，而是研究者在对受试者进行常规观察后得出的结论。根据参考文献，这些受试者大多来自欧洲和欧美文化圈。

9. 朋友到访

随着年龄增长，与同龄人的对话在叙事中占据的篇幅越来越大。青少年会在朋友或同学身上寻求情感上的亲近与支持，他们互相提供精神支持，也懂得如何让他们的人生故事适应新的受众。

例如十六岁的克莱尔在描述自己第一次饮酒醉酒的情况和出丑的经历时，在母亲和在朋友面前完全不一样。在与母亲交谈时，她强调对这一事件和自己的行为感到无比后悔；在与朋友交谈时，她的叙述版本则更加不以为意：每个人都喝酒，这根本就无关大体。科学家称这种行为为"叙事的灵活性"（narrative flexibility）。在某些严肃的观察者看来，这种行为应该受到谴责。但这是人们常做的事情，叙事者会根据听众和社交情景的不同，对自己的故事进行调整，这在一定程度上也展现出了叙事能力。只有当叙事版本差距太大，叙事者自身的态度在故事中毫无体现的情况下，叙事灵活性才可能成为问题。

克莱尔的例子来自凯特·麦克莱恩（Kate McLean）和她西华盛顿大学一位同事的研究。该研究是为了了解面对母亲和面对同龄人时"叙事角色"（narrative role）有何差异。实验中，两位心理学家要求这些自愿参与的受试者分别与母亲和朋友交谈，讲述对他们意义非凡的事情，比如特别开心或者特别悲伤的经历。这项研究的受试者为十二名十一至十八岁的青少年。从他们叙事的字里行间，可以轻松找到摆脱和逃离这个贯穿其中的主题。这些青少年在叙事中找到了自己的声音。

十二岁的凯丽怎么也想不起来一段悲伤的经历，她问母亲："你记得我有过哭得很伤心的时候吗？"对于这个问题，母亲提到凯丽最好的朋友搬家的事。凯丽简单地谈了几句，然后说："当时可能真的很伤心，我现在想不出来有什么事会让我这么伤心。"
在与好友交谈时，情况立即变得不同：

> 凯丽：我想到一些事。对，我想到的最悲伤的记忆是
> 继父回来的时候，我很生妈妈的气。你也知道，我不喜欢
> 继父。
>
> 朋友：我知道。
>
> 凯丽：是的，好长一段时间我都在生妈妈的气，这也让
> 我变得暴躁不安。
>
> 朋友：我能理解你为什么会那样。

可能母亲在家里拥有绝对的解释权，凯丽无论是否喜欢继
父，都没有办法改变这一事实，而母亲显然也不会和她讨论此话
题。而与朋友在一起时，凯丽就可以决定自己叙述的内容。朋友
支持她的观点，这种互相理解将两人联结在一起，成为密友。

10. 以叙事逃离父母

十七岁的亚当在叙事独立性上已经走得比较远。在与朋友和
母亲的谈话中，他多次表明，他对自己的男性角色有着明显的认
知，他是个"硬汉"。但是研究人员通过观察发现，他的母亲似
乎并不理解这一点，因而产生了下面这段很有意思的对话，对话
谈论的是亚当十岁时他心爱的小狗迪诺去世这件事。

亚当：一个特别悲伤的重要记忆是……呃，可能是迪诺死掉的时候，那真是非常糟糕……

母亲：是的，没错。

亚当：嗯，我记得你当时叫醒了我，我感觉有点不真实，好长一段时间里我都没缓过神来。那应该是第一次，我也不确定，那之后没有发生过什么让我特别难过的事了。外公去世的时候我还小。

母亲：是的。

亚当：太小了。外婆去世的时候我也太小了。

母亲：（笑）是的。

亚当：他们去世的时候我都不在场。

麦克莱恩及其团队认为，在这段对话中，亚当似乎觉得他有必要为自己所说的话辩护，因为他谈论的是一只狗的死亡，而不是人。也许他觉得自己谈论宠物是十分幼稚的。

母亲：是的……那晚……嗯，你还记得那晚的情况吗？迪诺死的那晚？

亚当：你整晚都陪着它睡，是吗？

母亲：我们都陪在它身边。我们请来了兽医。你还记得吗？我们坐在一起说话，说到……

亚当：我们说话只是为了转移注意力。

母亲：是的，我们觉得时候可能到了。它对我们那么忠心，我想，它应该做好准备要走了。所以我们决定和它一起睡在卧室的地板上。那是星期六晚上，后来你和爸爸还是上床睡觉了。所以只有我睡在迪诺边上，我没有睡着，就起来把碗洗了。

亚当：哦，嗯。

母亲：我记得那是十二点以后了，我回到房间，你已经睡着了，爸爸也睡着了。我就去躺到迪诺旁边，它往后挪了一点，你知道吗？它挪动了一下背部，这样就可以把头靠在我的肩膀上。然后，大概十秒还是十五秒之后，它咽下最后一口气，死了。你知道吗，我总觉得它是在等我，等我们所有人都到它身边。

亚当：是的。

母亲：这件事真的改变了我，在很多方面。我把你爸爸叫醒，然后我们讨论了一下怎么做对你最好，我们不想等到第二天早上。

亚当：没错。

母亲：你以前经常抱着它，我不想你对它最后的印象是它断气很久之后的样子。你还记得我们一起走到花园里吗？

亚当：我记得。这其实也挺好——我的意思是，它的死当然不好。但很好的是，我没有太多记忆是关于……我对于死亡的回忆只在一只狗身上。

11. 十七岁的少年不喜欢流露感情

研究人员在论文中写道，这个男孩似乎在努力和这段经历保持距离，他强调一只狗的死亡并不是世界末日。另一方面，他的母亲却认为这是一段重要的记忆，并在亚当的参与渐渐减少时将故事继续讲了下去。她详细叙述了儿子在埋葬小狗时的行为，把他描述成一个心碎的小男孩。听到这样的描述，亚当并未表示同意，但也没有阻止母亲继续讲下去。此时，母亲熟练地扮演起她一直以来的角色，为孩子的记忆提供框架，但她显然做得过多，因为她没有给亚当足够的空间去做出自己的诠释。

在与朋友的对话中，亚当谈论的最悲伤的回忆却是另一件事：他祖父的葬礼。虽然他的母亲曾对他说，他是唯一一个在葬礼上哭的人，但是亚当告诉朋友，所有人都哭了，除了他。只有这种说法才符合他努力扮演的硬汉角色。

> 亚当：但我记得的是，对我来说，我很难理解发生了什么，因为那里的每个人都穿着黑色的衣服，每个人都在哭。这是一场落伍的旧式葬礼，很传统的那种。
>
> 朋友：哦，嗯。
>
> 亚当：嗯，气氛真的不好。而且真的很难理解。而且，嗯，那只是……
>
> 朋友：嗯。
>
> 亚当：我记得的很少，那时候，能让我记得的，都是色

彩鲜明的场景。还有……

朋友：是的。

亚当：由此而来的感觉。但我记得很清楚，那绝对不是一段愉快的记忆，这是肯定的。

朋友：我的家人中还没有去世的……真的。

亚当：我不希望你经历那样的事。

叙述回忆时，母亲通常扮演引导者的角色（当然父亲也可能会扮演同样的角色）。母亲帮助孩子回忆，将事件与孩子的性格特点联系在一起，并经常做出道德判断。而朋友的角色完全不同，朋友会在聆听叙述时点头附和，与叙述者产生情感联结。所以他们可以自由自在地一起探寻自我，或找到志同道合的伙伴。这一点也在调查研究的统计分析中得到证实。

为了能够以数学方式处理语言陈述材料，研究人员将对话记录化为数字。例如，麦克莱恩的研究将回忆对人的个性发展的重要性分成从零（"不重要"）到三这四个等级。若回忆为叙述者提供了情感、心理或人际关系层面的见解，从根本上影响了叙述者的生活，就会被归入最高级。为了避免出现系统性误判，四位专家分别对这些叙述进行独立评分，并隐去叙述者的姓名和年龄。心理学家以同样方式对其他参数进行评分，这些参数包括"母亲的支持"，最后再结合各种数据进行综合分析。

12. 生命的灯塔

每个人的生活都是独一无二的，但还是会遵循一定的规律。每个人都有最悲伤或最快乐的回忆，每个人都去上学，在学校里认识新朋友；然后进入大学，习得一技之长；然后结婚，并且可能会有自己的孩子。所谓"正常生活"，就是这些事件都发生在特定的年龄，遵循一定的顺序，因此成为自传中可预期的主线。围绕着这些事件的故事对整个人生都非常重要，可以说是"生命的灯塔"：第一次和父母一起郊游，第一次骑自行车，第一天上学，初恋，初吻，接着就是中学和大学毕业，有自己的公寓，闪亮的婚礼，初为人父或人母。

生命史研究专家将这些灯塔称为"生命脚本"（life scripts）。一项有一千四百八十五名受试者参加的丹麦实验证实，对于这些脚本该包括哪些内容，人们通常有非常明确的想法。当被问及从出生到死亡之间最重要的十件事是什么，以及这些事情大致发生在什么年龄段时，受试者给出了非常统一的答案。化成统计数据后，每个人的答案都与平均值相差无几。

因此，对丹麦人来说最重要的事件（其他中欧人应该也如此）依次是：一、学会说话（二点二岁）；二、配偶离世（七十五岁）；三、首次与人交流互动（一岁）；四、"正式"开始工作（三十岁）；五、孩子出生（二十八点零八岁）；六、学会走路（一点三三岁）；七、生一场大病（五十点六三岁）；八、成年（十九点四岁）；九、第一份友谊（四点七八岁）；十、有一个朋友圈或一个小团体（十四点二岁）。顺便提一下，在三十五项最重要的事件中，排名靠后的是坚信礼（十三点六七岁）、洗礼（零岁）、上幼儿园（二点二八岁）和第一次出国旅游（二十一点三三岁）。

仔细看这张清单，不难发现，最重要的生命脚本都是内容积极的脚本；这种正面脚本出现的时间也十分接近，而负面脚本发生的时间差距较大。显然，大家对完美人生都有特定的想象，同时也能认识到，生命中不可能没有痛苦的经历，否则就太过理想化了。但是痛苦发生的时间是难以预料的。

同样值得注意的是，很多人生重要经历和几乎所有的正面脚本都发生在三十岁以前。一部分原因可能是客观因素导致，毕竟对塑造未来人生起决定性作用的很多事件，在生命的前三十年就已经发生，个人身份和自我特质也已经形成，这些身份和个性构成人们认为的"真实的自我"。每个人在年轻时都以为，在这之后来的不过就是衰老和死亡。也就是说，无论是年轻时展望未来，还是年老时回首过去，中间这段岁月都是灰色的。（我本人也不例外。我还很小的时候，就可以想象自己从眼下到二十多岁之间，会经历哪些事情，即上学、接受培训、考驾照、找工作。但从那之后直到祖母那么老的岁月里，会发生些什么，我完全无法预测。）

对青春的美好想象不一定符合现实。在这段脱离父母、在社会中寻找立足之地的时期，人们几乎都会犯错，也会被彷徨和恐惧困扰，还可能经历（也许只是自己的感觉）不被接纳、被拒绝、被孤立。求职时可能遇到的让人手足无措的事情也是家常便饭，更不用说还有单相思（也许只是自己的臆想）之苦。

13. 从个人到文化——再回到个人

如前所述，生命脚本是人生的灯塔，标记出事件发生的时间点和顺序，将人们对于生命史的叙述聚焦在灯塔周围。反过来看，它们也是生活过程和内容的索引，告诉人们在某个特定的文化圈里，在某个特定的时间会发生什么特定的事件。它建立了概念框架，建立了人的一生（比如在西方世界里的一生）应遵循的基本蓝图或规范。何时上学，何时上大学或接受职业培训，何时找工作、结婚生子——所有这些都受制于一个无言的规则和同胞们的期许。如果某个人的人生偏离这一规则，就需要单独说明原因，也就是叙事。

只要想想人在什么情况下不得不解释自己的行为，就能很快意识到这种差异。是"我为什么要离开家""我为什么要结婚生子，为什么要找一份工作"，还是"我为什么没有结婚，为什么没有孩子，为什么一个人生活"？抑或是"为什么我当医生的妻子会赚钱养我"？

生命脚本自然也规定了事情发生的"正确"时间。因此，十二岁的父亲（如果他有当父亲的能力）和六十岁的孕妇自然需要给出解释，四十六岁的父亲突然找到真爱，为了十三岁的洛丽塔抛家弃子同样需要给出解释。这样的故事在书中比在现实生活中更为常见。

说到这里，我们已进入一个新阶段。在此之前，我们主要讨论用叙事描述生活以及如何描述的问题。现在我们必须意识到，反过来同样可行：叙事脚本确定了一个无须解释的正常生活的模板，我们的生命可以沿着这些叙事向前。在生命脚本中，一个人的生理发育的确是一个影响因素，出生，学会说话和走路，受父母照料，性成熟，成年，繁衍下一代，这些过程依序进行，自然相随。然而，生理发育对生命脚本的影响并没有那么大，生命脚本的决定性因素是文化。文化由于被广泛接受而被视作理所当然，我们生活在文化模板里，也生活在自己的叙事里。

法国哲学家、作家让－保罗·萨特（Jean-Paul Sartre，1905—1980）曾说："人总是在不停地讲故事。他生活在自己和他人的故事中。他将发生在自己身上的一切都与故事联系起来，仿佛试图用生活重述它们。"

这段话道出了叙事性思考的一个特点。一个人及其所述内容不可能一成不变。人在叙事中发生了改变，他变得更贴近故事，故事由此也发生变化。而他人的期许，即文化规则，同样也发生了变化。个人、个人的叙事和文化三者处于不断相互影响的状态中。

在说到自传叙述时，我们不能不反复提到人与文化的相互影响。

14. 私人的、唯一的

生命脚本，或者是说生命灯塔，构成了生命的范本。它属于每个人，至少每个人都知道它；它存在于所有的文化中，尽管内容有所不同。穆斯林和佛教徒不会去做洗礼，天主教徒也不受坚信礼。总体而言，宗教对生命脚本的影响日渐式微，至少在欧洲是这样。除了参考与宗教有关的一些重要数据，研究人员还试着找出那些私人灯塔，即仅对个人有意义的独一无二的事件。对于当事人来说，这些事件有着特殊的意义，因为它们标记了人生的巅峰、谷底和转折点。

父母离异就属于这类事件。从父母分开的事实中走出来，理解"自己虽然还深爱并信任着他们，但他们已不再相爱"这一现实，对每个孩子都有巨大影响。生活的改变也产生了重大影响，你是和母亲住在旧房子里，在熟悉的环境中继续生活，还是和父亲一起搬走，甚至可能搬到一个陌生的城市，经历背井离乡，不得不重新开始适应新的生活。与这样的人生低谷相对的，可能是参演校园话剧，赢得老师、父母和同学热烈掌声的巅峰时刻。

在叙事性回顾中，台下欢快的面孔、热情的欢呼和自己在舞台上的兴奋雀跃，将会成为人生中意义非凡的回忆。后来发生的事情会与这件事产生联结，形成贯穿生命的主线。当年参加学校戏剧社的学生后来也许真的成了职业演员。也许他在某个时间突然顿悟，自己一直以来的生活是个错误，他只是在朋友和家人面前扮演他们期待中的他。他扮演得太过真实，甚至骗过了自己。

他不禁想道：为什么会这样？我到底是谁？在思考这些问题时，学生时代参演话剧的往事出现在脑海，尽管那早已过去多年。

人生大部分的生活记忆来自青少年时期、学生时代后期和成年初期。人在暮年回顾一生时，能够想起的事情不会平均分散在七十或九十年的整个人生跨度之间，而是集中在从青春期到步入成年的这段时间里。这段时间里发生的事件可以说是回忆的高峰。回忆数量排行榜上的第二个高峰是当下几年里发生的事件，研究人员将这些高峰称为"记忆锤"（reminiscence bump）。位于两座高峰之间的其余生命时光似乎被淹没在黑暗中，尘封在记忆里。

15. 循环不息

除了生命脚本和人生的巅峰谷底，自传的第三种范本是反复发生的事件，这也经常出现在叙事文学中。这些事件是我们日常生活中的常规程序，是生活中的某一时期或生活在某个地方时，每日、每周、每月、每年要做的事情。比如周日早上去教堂，每月第一个星期四的闺蜜聚会。以我自己为例，孩提时期，每个夏天我都会骑自行车去游泳，游完泳去看望祖母，她就住在附近。她问我是否饿了，我点点头，因为游泳后我总是饥肠辘辘。祖母就会走进厨房，拿出两个鸡蛋，把锅放在黄色的煤气灶上，倒上一点油，用点火器点燃煤气，在锅边磕开蛋壳，然后煎蛋。

反复出现的事件，不仅在生活中，在记忆中也占据一席之地。这一点从学生对暑期生活的描述便可看出。他们暑期生活的百分之二十至三十是由日常活动构成的。这些日常活动每日重复，一成不变，人们也不会在这些事情上寻求变化和突破：买面包，边读报纸边吃早餐，晚饭前洗澡，下午去公园散步，夏天坐在公园的长椅上看跑步的人，冬天则看走在下班路上的行人，看他们的衣着、表情，是一路小跑还是闲庭信步。这些例行公事在记忆的长河中可能并不醒目，但它们对个人身份及性格特质的影响可能并不亚于生命脚本或重大事件。可以说，它们构成了人生经验的平均值，只有以它们为基础，人生的巅峰和谷底才能凸显。

16. 百折不挠的约翰·韦恩

什么是模范人生？并不只有普遍认知下的范本才能作为评判标准，叙事本身也可以成为人们仿效的模板。从这一点出发，我们会重新将注意力放在他人和文化背景上，也就回到了故事如何对人产生影响的问题上。生命史研究专家称这种文化标准为宏大叙事。它提出人们应该如何看待世界和对世事的建议，它来源权威，是大师所述或至少与大师相关，因此成为一种准则。

如果一位父亲告诉儿子，他的哥哥，也就是儿子的伯父，已经死于癌症，现在儿子应该拿起建筑板材，协助完成阁楼的改建工作，而不是沉溺于悲伤中无法自拔，这就是一种宏大叙事。祖父母、父母、兄姐、老师或社群中的榜样建立了宏大叙事，构建出框架，成为人生必要时的正当理由——这是我父亲一直以来的要求。

加州大学心理学家凯特·麦克莱恩和艾薇儿·索恩（Avril Thorne）总结出人们在讲述创伤经历时常使用的三种典型模式。他们以演员约翰·韦恩（John Wayne，1907—1979）的名字命名了其中一种模式，以弗洛伦斯·南丁格尔（Florence Nightingale，1820—1910）的名字命名了另外一种。南丁格尔是现代护理学的开创者，也是英语文化中关怀和人性的化身。研究人员没有找到合适的、符合该人格特质的人物为第三种模式命名，最后称之为"脆弱"。

正如其名，约翰·韦恩式叙事模式直面负面经历，展示出沉着镇静、坚强不屈的精神。弗洛伦斯·南丁格尔式叙事模式则允许在表达对事件的反应时流露负面情绪，但紧接着会展现出对同胞的关切，希望他人不会经历同样的悲剧。最后，脆弱式叙事模式宣泄伴随事件而来的恐惧、无助、绝望、灰心等负面情绪。

我们需要明确的是，受试者的叙述中不会真的出现西部牛仔或白衣天使，但他们的叙事方式有迹可循，并且都可以归入上述三种叙事模式中的一种，至少实验中的欧裔美国人受试者是这样。就性别差异而言，女性受试者中，采用弗洛伦斯·南丁格尔式叙事模式的比例更高，而约翰·韦恩式和脆弱式叙事模式则没有呈现明显的性别差异。

从听众的角度来看，比起脆弱式叙事，约翰·韦恩式和弗洛伦斯·南丁格尔式更容易获得共鸣。换句话说，逆来顺受和大吐苦水无法得到赞同。另一方面，那些面对困难时表现出坚韧不拔和反抗精神的人，更容易让人产生同情，他们的行为决定了他们会赢得尊重。

约翰·韦恩式叙事模式在今天的美国仍然广受推崇，这一点从癌症基金会以其名字命名便可见一斑。这个基金会的自我简介是："我们的使命是为抗击癌症带来力量、勇气和胆识。加入我们！"然而，热心社会公益事业并不妨碍这位演员同时将自己的姓名使用权授予威士忌和热辣香料品牌。百折不挠、犀利尖锐、傲骨嶙峋……这些品质都可以转换成经济利益。消费品行业早就发现，讲对故事可以促进销售，关于这一点，我们之后会详细讨论。

17. 原型意向

约翰·韦恩是否也对欧洲，特别是德国的叙事方式产生了深刻影响，这仍待考证。但这具有极大的可能性，因为好莱坞及其英雄人物的魅力早已征服全世界，特别是西部片中的英雄人物。

而德国的宏大叙事有什么样的模式？哪些人物可以代表它？弗朗茨·贝肯鲍尔（Franz Beckenbauer）、海蒂·克鲁姆（Heidi Klum）、伊曼努尔·康德（Immanuel Kant）、施瓦本地区的自建房居民，还是德国公务员？不仅在一九三三至一九四五年这段特殊时期内找不出任何范本，之前和之后也是一片空白。一个能代表德国宏大叙事的人，应该出生于纳粹时期之前或之后，所从事的工作最好无关政治。

提到宏大叙事，就不得不提精神分析学家卡尔·古斯塔夫·荣格（Carl Gustav Jung，1875—1961）提出的"原型"（archetype）理论。原型指的是一种原始意象，其形态和样式存在于所有人身上。根据荣格本人的说法，原型是"深埋于人们心里的特定形式，无处不在，或至少普遍存在。"荣格认为，除了个人意识和生命史外，还有一个"继承而来的"集体意识。原型就是集体意识的人格化模式——这又让我们回到了叙事的文化层面。

荣格识别和描述了众多原型，如"英雄原型"，"愚者原型"（英文为"trickster"，来源于印第安神话，是遭受欺骗的愚蠢的魔鬼，既是神灵，也是动物。《格林童话》中的商业之神墨丘利就是一个愚者原型，他被一个农家男孩欺骗、愚弄了），"智叟原型"，"大地母亲原型"，等等。

原型的说法对今天的人们仍然很有吸引力，我们如果仔细看一下荣格关于母亲原型的描述，就会发现，他描述的是对"母亲"这个宏大叙事的联想及其意义脉络。每个女人都能在这些描述中找到自己，每个男人都能从中找到自己在生活中已经遇到或即将遇到的女性角色——连螺母也不例外。这些叙事模式跨越了人类历史的各个时期。

　　　　和其他原型一样，母亲这个原型也具有数不清的不同面目。在此我只列出一些典型范式：个人的母亲和祖母；继母、岳母和婆婆；任何与自己有关系的女人，包括乳母和保姆、女性祖先和白衣女郎（在中世纪城堡中出没的幽灵）。在更伟大更抽象的意义上，还有女神，特别是圣母、处女

（年轻化的母亲，如得墨忒尔[1]和珀耳塞福涅[2]）、索菲亚（母亲／情人，可能属于"丘贝雷-阿提斯原型"）；或者女儿（年轻化的母亲／情人）；渴望救赎的目标（天堂、天国、天上的耶路撒冷）。从广义上讲，有教会、大学、城市、国家、天空、大地、森林、江河湖海、物质、冥界和月亮；从狭义上讲，则有作为出生或孕育之地的农田、花园、岩石、洞穴、树木、泉水、深井、洗礼池，作为容器的花朵（玫瑰和莲花），神秘循环（曼陀罗莲花）或丰饶之角[3]；在最狭隘的意义上，是子宫，是各式各样的模具（如螺丝、螺母），象征女性阴部的"尤尼"（Yoni，印度教中的符号）；烤箱，锅具；动物则有牛、兔子及其他会给人提供帮助的动物。

18. 文化思维

叙事研究者还发现了一系列其他的模式或架构，它们在特定的文化中成为典型，影响了自传式思考的方式。完全主导自己的行为（英文中叫作"agency"，即能动性）就是其中一种，我们之前提到过的约翰·韦恩式叙事就体现了这种模式。

"能动性故事"讲述主人公掌握自己的命运，赋予自己权利

---

1 得墨忒尔是古希腊神话中司管土壤、果实等的农业之神及婚姻的保护神。
2 珀耳塞福涅是春之女神，她是天神宙斯与农业之神得墨忒尔的女儿，冥王哈德斯的妻子，也被称作科瑞（Kore，"少女"的意思）。
3 希腊神话中装满鲜花和果物的羊角。

去塑造自己和他人的生活。积极追求的结果通常体现为成功后得到的社会地位象征。此类故事的叙述差不多类似于："我的全部精力和体力都奉献给了工作，自那以后（指离婚），我实现了为自己设定的所有目标。"

另一种模式则聚焦群体关系，人们基于此描述爱情、友谊、人际交往、谈话或单纯与某个大集体的关系。这些故事强调亲密关系、关心爱护和归属感："那一夜我感受到温暖与关心，我觉得自己被无条件地爱着。"

探索意义和道理，也是一种常见的模式。顾名思义，这种模式下的故事通常关注主人公从某件事中学到了多少东西或获得了多少新的见解。可能只是小的道理或生活教训，也可能是影响一生的人生哲理和大智慧："我不禁再次思考整个过程，发现竟有很多因素都对事件产生了影响，而我之前从未考虑过。事情往往不是看起来的那样。"

研究表明，特别是在恋人（心理学研究将他们称为"浪漫情侣"）之间，对共同经历的事件及其意义的评价起着举足轻重的作用。双方分享对某件事情意义的评价，将会增进彼此的感情。与此同时，关于该事件细节的记忆也被加深了，因为这些共同的回忆成了反复出现的对话话题："你还记得我们买下这幅画的时候吗?"因此，叙事可以增进情侣间的身份认同。

在一系列常见的叙事模式中，一种重要的模式便是自我认知。这一模式关注主人公自我探索的过程，主人公认为自己当时正处于转型时期："我知道那一年我的情绪低落到了谷底。但我尝试让生活变得稳定，也尝试在情感上变得独立，那是一个不断尝试、重新振作的时期，充满了痛苦。但是现在回想起来，这些都是必要的，否则我根本无法成为今天的自己。"

西方世界中极为普遍的叙事模式是玷污和救赎，其基督教背景让人无法忽略。"玷污"一词在此是指，叙事者原本应该有积极的发展，但是突然出现了消极的变化，或者叙事者发现这一光明未来必须以牺牲他者为代价。比起最初的发展趋势，这个代价要沉重得多，甚至可以说是他最不愿意看到的情况。例如：叙述者先是为自己升职加薪感到兴奋，但随即得知，部门中真正值得信赖的同事被解雇了。

救赎故事则走向完全相反的方向：主人公克服失败、灾难或疾病等命运的打击，从艰难的生活中涅槃，将苦难转为财富。在此之后，主人公愈发强大成熟，愈发沉着稳重，至少他自己是这么认为的，这也没有差别。"父亲的离世对我是个沉重的打击。但我注意到，从那时起，家人之间的关系变得更亲密也更和谐了，这给了我支持和安全感。"玷污模式下的故事则是："父亲的离世对我是个沉重的打击。我还注意到，从那时起，家人之间的关系变得更加疏离，如今我们互不来往。"

19. 故事的疗愈力

克服困难、缺陷、事故或其他致命灾难，并因此成为一个更好的人，这样的叙事具有莫大的魅力，在各种文化中经久不衰。

你今天感觉好些了吗？天气会变好吗？你学到教训了吗？孩子会走路了吗？你找到真爱了吗？你得到梦寐以求的工作了吗？明天又是新的一天，希望总是最后死去的东西。我们从失败中学到的东西远远超过从胜利中学到的。那句著名的"一分耕耘，一分收获"（No pains, no gains），讲述的也是救赎的故事。

转败为胜，化腐朽为神奇，是欧洲人的基本心态之一。正如美国西北大学心理学家丹·麦克亚当斯（Dan McAdams）在论文中所写，救赎故事对身心健康起着积极影响，将一段痛苦时期（这种说法就是一种救赎脚本，因为它代表苦难已经过去）化成语言让人感到满足，自我价值得到提升，患抑郁症的风险也随之减弱。

尽管我们并不清楚其中机制，但是故事的疗愈力已被很多研究证实。来自密苏里大学的心理学家劳拉·金（Laura King）和约书亚·希克斯（Joshua Hicks）研究了人们如何以叙事的方式处理生活中的困境，例如离婚或者生出天生残疾的孩子。

研究结果显示，详细讲述故事的每个细节以介绍自己采取的应对措施的人，在生活满意度（全称为"Satisfaction with Life Scale"，缩写为"SWLS"）测试中表现更好，随后两年的跟踪观察和测量结果显示，他们的健康状况也在持续改善。

20. 写作改善人生

得克萨斯大学的詹姆斯·彭尼贝克（James Pennebaker）自

二十世纪九十年代以来一直在深耕这一研究领域。这位心理学家和他的研究团队经常邀请学生参加一个为期数天的写自传实验：数千名受试者被要求在连续四天中，每天花十五分钟写下个人生活经历。受试者们并不知道实验的意图，即探究书写这种无声的叙述对身心健康的影响。他们仅被告知，这项实验研究的是写作和心理学的联系。研究人员向受试学生保证，他们的书写会被严格保密，请他们在写作时敞开心扉，不要有任何顾忌。写作的内容可以关于父母、伴侣、恋人、朋友或亲戚，可以描述当前或过去发生的事件，并直抒胸臆，记录真情实感。而对照组的学生则被要求写下不太会让人产生情绪波动的内容，如描写实验室设备或公寓布置等。

实验的结果就连研究小组也觉得意外。学生们能在十五分钟的时间内写出平均三百四十字的故事，这自然不是令人意外的原因，令人意外的是故事的内容。根据研究记录，学生们的叙述大多关于悲惨经历与痛苦，其中不乏强奸、家暴、试图自杀、毒瘾和"其他恐怖事件"，来自中产阶级的学生叙述的内容也不例外。超过半数的故事会被任何一位有临床经验的心理医生判定为创伤性经历。

不过，写作练习产生了持久的疗愈效果。彭尼贝克说，一开始不少受试者会忍不住落泪，但在随后的一年里，他们就诊的平均次数较对照组明显减少，也比他们自己一年前少，那时他们还没有开始写作练习。百分之九十八的受试者都表示很愿意再次参加这项实验，并认为写作非常有意义、有价值。

21. 叙事增强免疫力

这种身心健康的改善，体现在所有社会群体中，无论出身背景、生活经历、受教育程度和社会地位。从严加监管的囚犯到医学生，从受害者到患有关节炎或慢性病的病人，从失业的工程师到刚生了第一胎的母亲，身心健康都会被自由书写改善。唯一的例外是患有创伤后应激障碍（全称为"post-traumatic stress disorder"，缩写为"PTSD"）的患者。这也是可以理解的，因为对这些患者来说，创伤所引起的恐惧已经完全不受控制，对这些可怕经历的回忆仿佛是再度经历一样，让病人陷入更大的恐慌。然而，如果身边有经验丰富的叙事疗愈师对他们进行引导，让他们确信现在是安全的，可以使他们从无法控制又反复出现的极度痛苦和恐慌中解脱出来。这种叙事暴露疗法（全称为"narrative exposure therapy"，缩写为"NET"）如今已经成为一种标准的医疗方式，特别是在心理创伤的治疗上。统计数据表明，这种疗法的成功率很高，甚至比抗焦虑药物效果更好。

研究表明，叙事可以减轻痛苦，减少服药，降低罹患抑郁症的风险。抒发情感的写作能够增强免疫力，增加血液中辅助性 T 细胞的数量，增强接种乙型肝炎疫苗后的抗体反应。一个人的故事是口头讲述、用笔书写还是输入电脑文档，效果并无差异。还有研究显示，有无读者或听众也并不重要。在这项研究中，受试者将故事写在类似于鼠标垫的传感器上，只要他们一离开，文字就会被自动删除，这种形式对于实验结果没有任何影响。

正如彭尼贝克在论文中所述，真正起到效果的，不是表达愤怒或宣泄情绪，而是将其化为语言。他在一项实验中将受试者分成三组：第一组采用已被证实有效的写作方式，连续三天内，每天写十分钟，内容为自己的创伤性经历；第二组采用肢体动作表达痛苦经历；第三组随意表达任一经历。几个月后，三组受试者都表示自己变得更加快乐更加健康，但只有第一组受试者的体检数据呈现明显改善。彭尼贝克总结道："为了改善健康状态，将经历转化为语言是有其必要的。"

22. 找出正确的词语

在叙述时用心投入，态度认真，也起着重要的作用。叙述者应该认真审视自己的想法和感受，使两者一致。从词语的数量统计和分类可以看出，叙述者越是坦诚面对自己的情绪，进行深刻思考和自我反省，身心就越受益。使用电脑文本记录软件（如"语言查询和字数统计"系统，英文全称为"Linguistic Inquiry and Word Count"，缩写为"LIWC"）得到的统计分析呈现出有趣的规律：使用能激发积极情感的词语越多，健康状况的改善幅度就越大（根据次年的就诊次数粗略衡量），这一点已得到公认。至于使用消极词语会产生什么样的影响，情况就比较复杂了。第二年就诊次数减少最多的，是在叙述时适度使用消极词语的病人。事实证明，过度使用和刻意回避消极词语，都会阻碍康复。

彭尼贝克对此的解释是：总是使用负面表达的人，会陷入恶性循环，思维走进死胡同，找不到出路。另一方面，刻意回避消极词语的人，不能或者很难描述自己的情感，并且习惯压抑情绪。

根据此研究的说法，混合着大量积极乐观的词语和适量消极词语的叙事，最有利于改善身心状况，而这恰恰是救赎故事的典型用词模式。语言分析还发现，为了得到好的治疗效果，应该在写作中增加表达因果关系的词语数量。刚开始写作时因果关系词语使用较少，最后几次写作中大量使用的受试者，从叙事疗法中受益最多。"这种情况表明，受试者在这几天构思并讲述了一个故事，在此过程中逐渐建立起自己对故事的理解，而这一点是最为重要的。"彭尼贝克如此解释道。看来，讲述的行为——构建一个全新的、适用于当下的意义——能产生积极作用。如果一开始就写出一个有因有果的完整故事，故事可能令人信服，但很难提供很好的疗愈效果。

因此叙事的意义在于：不要停滞不前。当生活状态改变，需要调整情绪时，叙事可以帮助人们整理思绪。彭尼贝克说："叙事的美妙之处在于，它将我们生活中的所有变化糅合到一起，形成一个内容丰富、合情合理的故事。也就是说，同样一个故事，我们既可以讲述故事本身，探究它的起因，也可以挖掘故事中错综复杂的细节。"

故事让我们从不同层面深入探讨命运的打击，借此吸取教训和对余生有意义的东西，毕竟生活必须继续下去。只有这样，我们才能够与消极和挫折和解。比如残疾儿童的父母意识到，养育这样的孩子也是在养育自己。

彭尼贝克写道："讲故事可以帮助人们理解自身经历，理解自己。它使人们能够以一种连贯的方式组织经验，形成记忆，并将思想和感受合二为一，让人们感觉自己可以预见未来，掌控人生。如果一个经历既有故事的结构，也有深刻意义，人们就更容易接受由它引发的情绪反应，这就是心理治疗做的事。心理治疗的一大特点就是将痛苦的经历叙述成故事。故事讲完，仿佛完结了一项任务，让人终于可以忘却这件事。如果痛苦的经历没有转为叙事，它会持续带来负面的感受和想法。"

彭尼贝克在此提到了一个电影中很常见，现实中却常被忽略的角度——人们认为它老套且俗气。这个角度就是：结局。故事让人了却心中事，摆脱烦恼和麻烦。这句话听起来简单无奇，但有至关重要的意义。故事有一个结局，而且是一个令人满意的结局。结局就像一种评价，它可以制止让人难以入眠的胡思乱想，消除萦绕心头、挥之不去的负面想法。往事可能仍然令人不快，但重新诠释可以让我们从中找到积极的一面，找到未来的新方向，从而不再继续为往事所羁绊，获得内心的平静。

23. 肺腑之言

西格蒙德·弗洛伊德（1856—1939）也曾深入研究自传的意义。他在著名的个案《朵拉》中记录，他认为"歇斯底里"（hysterie）是由未解决的问题引起的癔病。他认为，讲述连贯故事的能力与心理健康有密不可分的关系。弗洛伊德写道，无法讲述一个合情合理的连贯故事是一种疾病：

> 整个故事支离破碎，事件顺序混乱不清，就连语句和上下文都是不连贯的。在叙述过程中，病人反复纠正日期，迟疑不决很长时间后，又回到第一个说法。一旦涉及病史，病人的叙述就杂乱无序。这不仅是神经官能症（neurosis）的症状，而且有着巨大的理论意义。

弗洛伊德不仅是治疗者，而且是倾听者和叙述者，还是横跨医学和文学两界的大师。他文笔精妙，善用原型意象，吸引了万千读者，享誉全球。他在个案《朵拉》中的描述，除去日记标注、回顾和对读者的警示，与二十世纪作家马塞尔·普鲁斯特、亨利·詹姆斯、亨利克·易卜生的小说有诸多相似之处。

从弗洛伊德的作品发展而来的深度心理学分析方法，本质上是一种谈话疗法。按照一般的理解，治疗者和病人所做的，就是协调出一个双方都满意的故事，或者对现有故事进行修改，让病人觉得更加称心如意。这正是心理治疗最为成功的地方：在接受治疗后，百分之七十五的病人表示身体健康得到改善；百分之六十八的病人说，自己与他人相处的能力得到提升；百分之五十七的人认为他们的工作能力得到加强。不过这一数据涵盖了所有的心理治疗形式，包括非常有效的"行为疗法"（behavior therapy）。

因此在精神病学中，故事不仅仅是故事，还在人们的生命中承担了一项重要任务：它们可以解决问题、传达见解，也可以成为应对生活挑战的策略。那些饱受离婚或分手之苦的人，若能看到重返单身这件事对自己的个性和生活也有益处，就会感觉好一些，就像下面这个救赎故事一样："离婚让我痛苦不堪，但从那时起，我更清楚地知道自己想要的究竟是什么。"

独立自主和重新找回自己的行动权也是衡量治疗有效的参数。很多病人认为，这正是谈话疗法的实际效果。富兰克林·欧林工程学院的心理学家乔纳森·阿德勒（Jonathan Adler）通过实验证明了这一点。在系列实验中，他请病人讲述自己接受心理治疗的故事。那些病情已经恢复的病人在叙述时通常使用能动性模式，他们讲述了自己是如何勇敢与病魔斗争并最终取得胜利的。在他们的记忆中，自己的行动力和对事件的掌控力远比心理治疗更加有效。

独立自主，这根最能挑动美国人民神经的弦，也让阿德勒本人产生了共鸣。他写道："叙事对健康的影响十分巨大。我们无法选择自己的基因，但是可以决定自己叙述的内容。如果大脑中的混乱思绪已很难理清，那就改变要讲的故事吧，改变那些诉说自身经历的故事——这会让一切变得不同。"

24. 叙述全新的自己

Restory yourself！讲一个全新的故事，从一个未曾留意过的新的角度切入，让自己觉得自在。这是一个十分有效的幸福秘方，来源于精神分析领域。故事和故事中蕴含的意义，不是文人墨客的强行升华，而是体验和塑造世界的强大工具。治疗方法不只是简单地尽情发挥叙事能力，也可以制定原则，并依之而行。

在"整合见证疗法"（全称为"integrative testimonial therapy"，缩写为"ITT"）中，病人要在六周时间内每天写作四十五分钟，一共完成十一篇文章。这种治疗方法依据的是康斯坦茨心理学家麦琪·肖尔（Maggie Schauer）及其研究团队为创伤性事件受害者开发的叙事暴露疗法。在接受治疗期间，病人会在每次治疗前收到一份详细的写作任务，根据任务要求在二十四小时内写完并提交作品。在这种形式的治疗中，治疗师和病人不一定需要面对面直接接触，他们可以在互联网上交流，或者互相邮寄书信。治疗过程中的写作是为了发展自传，以叙事的方式面对所经历的创伤，并将其写进生命史，最后重新审视创伤经历，解开心结。

柏林自由大学的心理学家玛丽亚·玻切（Maria Böttche）和克里斯蒂娜·涅夫斯尔德（Christine Knaevelsrud）描述了她们对一位被称为 G 女士的病人进行叙事治疗的经验。G 女士出生于一九三八年，她称自己饱受失眠之苦，脑海中不断出现战争时期的暴力场景，挥之不去，让她感到恐惧，因此她决定接受治疗。"就在今天，又有两架军用飞机从我家上方低空飞过，我感到心悸，并浑身发抖。一旦电视上出现有关叙利亚的新闻，我就马上关闭电视。我虽然住在自己的房子里，但如果房子像在叙利亚那样被炸毁，该怎么办？这种恐惧伴随了我一辈子。"

25. 梦是记忆的盲区

一开始，G 女士被要求写一篇自传性文章，描述她在遭受创伤前的生活，将出生、童年、家庭这些个人信息融入带来创伤的关键历史事件中，即第二次世界大战初期。然后她将一点一点慢慢接近那起不幸的事件，即创伤性经历。直到今天，这段经历仍是她感到恐惧的核心症结。在叙述时，G 女士需重点着墨于自己的身体和情感经历。G 女士描写了战争结束时美国士兵进入村庄的场景：

> 从女人间的谈话中，我们对这种情况有了一定的心理准备，或者至少能够意识到，男人会攻击女人。所以我的母亲准备了武器。……作为一个五岁的孩子，很多事情我无法理解，我只是感到异常恐惧。母亲应该跟我们说了可能会发生什么事情。但我觉得，我们并没有听懂，我们只是看到并感受到自己的感官接收到的信息。当母亲们必须向孩子解释，出于爱，她必须杀了他们时……孩子们是什么感受？他们不懂，他们只知道害怕。……被子弹击中是什么样的？会不会很疼？还是会有别的感觉？
>
> ……我们看到一队男人朝村庄和我们的房子走来。人们在尖叫、乱跑，我们全身僵硬地站起来，躲到厨房的炉灶后面。我又小又瘦，所以躲得最好，我的姐姐在我前面，我们紧紧抱着彼此，而母亲站在敞开的窗前，全身紧绷，似乎怀

着破釜沉舟的决心。门被拉开。……不管我多么努力回忆，之后的事情我怎么也想不起来了……眼泪又顺着我的脸颊流下来。但我无法写出其他的事情，只记得当时的自己对正在发生的事情有着巨大的恐惧。我猜想，我们这些孩子在不断哀求母亲不要开枪……那是一场可怕的混乱……我们是那么孤独，没有父亲，没有任何人可以帮助我们……

可怕的经历依然藏匿于记忆的角落，不愿现身，或者说这是一个记忆盲区。但是我们已经能够知道，这段记忆对孩子身心造成的巨大压力已经远远超过母亲的实际行为带来的后果，因为叙述者当时并未受到人身伤害。

26. 仍然可以拥抱幸福

G 女士的自传性叙述继续进行。她描述了自己迄今为止的生活，同样也是融入历史事件中。这样做的目的是找出创伤性经历在她整个生命史中所处的位置。其中一段如下：

接下来的几年非常幸福。我们互相依靠，相处融洽。许多年后我终于找回安全感，我觉得这个男人会为我做一切事情。……和丈夫在一起，我感到像战前和母亲在一起那样，是受人保护的、有依靠的。……在那段时间里，我感到无比自豪，因为我糟糕的一生居然可以结出果实。我也为丈夫感到自豪，他是发生在我身上的最美好的事情！

27. 揭开面纱

治疗的最后一个环节，就是对创伤经历进行重新评估。G 女士给幼年的自己写了两封信，其中提到自己看待生活的角度发生了改变。两位心理学家节选了第二封信的部分内容：

亲爱的 B：

我们常常一起思考、讨论，在那个可怕的时刻究竟发生了什么事情，给你带来了如此巨大的创伤。

就在昨晚，我终于知道了。

母亲用手枪指着你的时候，你失去了所有的庇护！（你年纪最小，应该先死。）你深爱的母亲，你信任的母亲，现在正准备向你开枪……就是现在！从那一刻起，你什么都不记得了……昨天晚上，我整夜都在思考，覆盖在所有记忆上的巨大面纱突然就被揭开了。你这个可怜的孩子，六岁时就经历了人世间最大的痛苦，你根本无法承受……

对于你，我无比钦佩！你居然还能活下去，并成为一个令人难以置信的强者。在你的内心深处，一定隐藏着某种神圣的力量……

亲爱的 B，让我们如密友一样谈谈这件事吧。为了找出答案，找出解决的办法，我接受了叙事治疗。我想我现在知

道了，那个困难时期所有的疾病、手术、饥饿、威胁，都
不是答案，真正的答案是你的母亲用手枪瞄准了你！你最
信任的人要向你开枪了。这就是为什么这么多年来，你一直
难以入睡……这就是为什么你睡着时也总是保持警觉，哪怕
最微小的声音也会让你惊醒，这就是为什么你无法再爱你的
母亲……

几十年后，这个被恐惧折磨的女人终于找到记忆里缺失的那
一块，记忆盲区渐渐变得清晰。G 女士知道了自己痛苦的来源，
知道了美国人进军村庄的那天发生了什么。她理解了年幼的自己
究竟为何恐惧，并能够谈论自己的感受。

G 女士成功扭转了整件事，并能以积极的眼光面对这件事。
她对当时年幼的自己表示赞赏，称赞她的坚强——她活下来，并
过上了让自己满意的生活足以证明这一点。但是她也承认，她无
法再爱自己的母亲，这不是因为她是一个坏孩子，也不是因为她
丧失了爱的能力，而是因为过去的经历。叙事对过去的事产生了
影响，它改变了病人的经历。G 女士现在有能力对事件做出截然
不同的诠释，对自己，也对母亲。这让她现在的情绪和心境发生
了变化，那些从过去穿越而来、不断折磨她的疑惑和恐惧，已经
回到过去，回到它们应该在的地方。病人已经明白，新闻中的战
事或头顶上方的飞机不可能伤害她。就这样，G 女士的思绪重新
回到创伤发生现场的次数降低了，不受控制、挥之不去的恐惧和
情绪波动也随之减弱。恐惧已经终结，故事也有了结局。

G 女士的痛苦基本消失，她的睡眠质量改善，看到战争新闻和飞机时的恐慌也有所缓解。心理学家简明扼要地总结道："最初明显的创伤后应激障碍的症状明显减少。"

最后，每个读者都必须承认，G 女士的故事十分令人感动。我们仿佛跟着她一起来到当时的场景中，看着她痛不欲生，也看着她从躲了几十年的炉灶后面走出来。这可以说是一个奇迹。这么多年来，这个故事一直伴随着 G 女士，也一直发挥着影响，实际上它已改变了事情的原貌。而且，只要 G 女士继续讲述下去，这个故事的细节将会继续发生改变。但不是对我们讲，也不是对心理学家讲，而是对她的丈夫、家人和朋友讲。

28. 人生无非是种叙事

上述故事涉及一个我们尚未深入讨论的问题：叙述自己的生平与叙述他人的生平有何区别？同样是叙述生命史，若作者不是自己，会有差别吗？人生，或者更确切地说，一个人的生平故事，也许就像其他叙事一样，是被构建和重组出来的，因此也一样有真有假。对生活的叙述也要遵循戏剧性的叙事规则，必须要有一个主人公，在自传叙事中，主人公就是叙述者自己。"我"叙述自己的故事，也就是他口中的自己。除此之外，就像之前曾说过的那样，还要有情节、目标、事情发生的地点，以及一种戏剧性冲突或麻烦，即打破常规，偏离规则。

生命史叙述不是像无尽的瀑布那样不间断地讲述实际发生的

大大小小的所有事情，这样一部纪录片式的叙述也没有人能完成。即使有人尝试这么做，他们口若悬河、侃侃而谈只会让听众感到无聊。叙述者必须做出选择和取舍，哪些是值得叙述的，哪些是最好略过的。其实，他在不知不觉中已经做出了选择，早在他自己亲身经历或见证那些事件的一瞬间，他对事情的认知，就已不再是事情发生时的样子，他也永远无法还原事情的原貌。因此在接下来的几个小时或者几天内，他会不断询问自己，或者与亲近的人交谈、讨论，反复检视回忆中的事件，试图按照自己的想法改变和重塑它，而最终事情完全不是原来的样子。怎么可能还是原来发生的事情呢？叙事者难道不是从世界上每天发生的各种事情中任意截取一段，为其赋予自己的意义而使其成为"发生的事情"吗？或者找不到意义，干脆让事情先"发生"吗？

所以叙述者将很多内容一笔带过，有时甚至完全略过整件事，仅挑出一些旁枝末节，将其放到镁光灯下，发展成故事的中心。他以这样的方式对整个事件进行梳理，使其获得时间上的严谨性和内在的合理性，让一个经历成为另一个经历的结果，紧跟其后，环环相扣。在这个过程中，叙述者享受极大的自由发挥空间。他为事件注入新的诠释，从细微的差距中得出不同的结论。谁说讲述故事的意图就一定要和亲历事情时的意图相同？同样一个故事，过去想拿它做什么，现在可能会发生改变，而且通常是默默地改变。我们只知道，这么做有益健康。

因此在对故事进行全新诠释时，若有必要，可以换一种完全不同的方式进行叙述。我们的自传可能是基于某种完全不同的传记产生的，毕竟，自己的生活可能原本就是另一副模样！自传中的"我的生活"可能并不存在。换句话说，我每天过日子、感慨失败、庆祝成功，我要讲的故事有很多很多，或者只有一个，但是这个故事和任何一个好故事一样，有很多解读方式。所以说人生其实就是一个好故事。

29. 人生是件艺术品

"人生是件艺术品。"当然，除了人生的角度，我们也可以从另外一个角度来看待这句话，从历史、故事、戏剧、悲剧或喜剧、诗歌或小说的角度，也就是艺术的角度。作家奥斯卡·王尔德（Oscar Wilde，1854—1900）就是这么做的。他将古希腊哲学家亚里士多德的说法"艺术只是在描绘现实生活"整个推翻。王尔德认为，或许应该这么说：生活再现艺术、模仿艺术，我们不仅是叙述者，同时也是故事本身。我们的生活和对生活的叙述，都在随着那些建构了我们的时代和文化的故事起舞。我们在按照叙事生活吗？我们会因此感到害怕吗？

前文提到过的叙事心理学家布鲁纳曾说："人生是件艺术品，而且可能是人类有史以来最伟大的艺术品。"如果你不相信，请看看那些为模特梦所激励的女孩和女人吧。她们坐在电视机前，看着人们从一群苗条漂亮、美得让人瞠目结舌的参赛者中挑选出最苗条最美丽的人，参加下一轮比赛。

这些令观众陶醉的梦想，是媒体呈现出来的人生图景，是用美妙绝伦的画面传达出的现代版的公主的故事。描绘了在 T 台上受到万众瞩目的幸福，讲述了嫁给明星或嫁入豪门的美梦，讲述了成为媒体争相报道的焦点的故事。报纸和镜头通过文字和图片不断满足人们对幸福、美丽、财富和美好归宿的需求。

这是一片叙事丛林，光是从一场时装秀就能窥见其中的耀眼光芒，令许多人迷失。这些故事对现实生活也有直接影响，例如，苗条是我们这个时代美丽的标准，德国有七十万人患有饮食失调症，如厌食症、贪食症或暴食症。患病的人主要是十一至十七岁的女孩，她们的夙愿是成为光鲜亮丽的模特故事中的主角。就像《包法利夫人》中的艾玛，她们为这些故事着迷，希望自己也能活成这些故事。

30. 成为梅西，或是乔伊斯笔下的思想者

男孩们则幻想成为英雄人物。我们这个时代的英雄更有可能来自体育界，比如罗纳尔多（Ronaldo）、梅西（Messi）、曼努埃尔·诺伊尔（Manuel Neuer），更早之前还有迈克尔·舒马赫（Michael Schumacher）、鲍里斯·贝克尔（Boris Becker）等。梦想成真的故事是：在数百万观众面前战胜对手，超越对手，打进关键一球，捧得金杯，赢得名誉和金钱，抱得美人归，被全世界仰慕和崇拜。这就是男孩们从电视影像、游戏机、杂志，或者与父亲的交谈中得知的完美人生的样子。

他们的英雄故事是什么样子？有一些印第安人的不惧疼痛，

有一些骑士的高贵优雅，有一些特洛伊战神阿喀琉斯的无敌和骄傲。阅读报纸上的体育新闻就会发现，记者笔下的竞技体育故事中总是不断出现与神话或英雄人物的比较：强壮的赫拉克勒斯（Herkules）[1]，狡猾的奥德修斯（Odysseus）[2]，外表瘦弱的大卫王（David）[3]对抗歌利亚（Goliath）[4]，侠盗罗宾汉（Robin Hood）[5]，自由斗士威廉·退尔（Wilhelm Tell）[6]，集超级情圣、大胆狂徒、马克思主义信徒于一体的切·格瓦拉（Che Guevara）。单是切·格瓦拉，就不仅仅是一位记载在历史中的人物，他早已成为文学作品中的一个传奇人物。英雄世界中的人物侠肝义胆、视死如归、追求自由，并且铁骨柔情，总是帮扶弱者（这里的弱者也包括女性）。

不过对于另一些人来说，文学作品中的形象可能更具吸引力。文学学者韦恩·布斯（Wayne Booth，1921—2005）就认为，一个文学人物深刻影响了他的生活。布斯在阅读詹姆斯·乔伊斯的小说《尤利西斯》时，产生了强烈的羡慕与敬畏之情，不是对作者乔伊斯，而是对书中漫游在都柏林的人物斯蒂芬。"要是我能和他一样，有那么高的哲学境界，思想如泉水般涌出，我该是个多么

1　宙斯之子，希腊神话中的大力士。

2　《奥德赛》中的主角，在特洛伊战争中献木马计。

3　以色列-犹太王国第二代国王，战胜了腓力斯人歌利亚。

4　《圣经》中腓力斯人的首席战士，巨人，被大卫王割下首级。

5　英国民间传说中的人物，是一位劫富济贫、行侠仗义的绿林英雄。

6　瑞士民间传说中的人物，在反压迫斗争中只身射死总督，被视作民族英雄。

出色的年轻人啊！我还记得自己低声念着那句拗口的'可见现象的无可避免的形态'。我尽力模仿他，朝着哲人的方向发展，无论进步多么缓慢。"布斯最终成为芝加哥大学的文学教授。

改变的动力也可能来自反英雄（anti-hero），正如文学研究专家罗伯特·斯科尔斯（Robert Scholes）在阅读英国作家玛丽·安·伊文思（即乔治·艾略特，George Eliot，1819—1880）的《米德尔马契》（*Middlemarch*）时的体会："我在弗雷德·温西（Fred Vincy）这个人物身上看到了自己，作者用赞美的笔触描述他为'一位绅士，他的意识是由自己的愿望构成的'。"

当然，布斯是否因文学作品而成为教授，斯科尔斯是否因文学作品而成为一个更好的人，这些都无法证明。没有人仅通过阅读书籍就能成为书中人物，若不是对哲学及哲学问题感到好奇，一个十九岁的青年很难读完《尤利西斯》这本书。不过，接触文学意义上的叙事可以帮助我们寻找自己想要成为和不想成为的人。没有人能完全活成海蒂·克鲁姆、罗纳尔多、阿喀琉斯，但他们的故事——营销专家可能会用"形象"这个词，但这个词并未触及核心——是一种榜样，为世人提供了行动模式和去做同样事情的动机。随着时间流逝，立志成为英雄的孩子们渐渐长大，可能走上了完全不同的道路，但是这些故事的一部分还是在他们身上留下了印记。梦想当球星的孩子成了球迷，将对成为足球战士的期待转而投注到他所关注的球员身上。怀揣模特梦的少女长大后，即使已经有了孩子，心中还是会住着一个海蒂·克鲁姆。

31. 自传不只一部，而是很多部

自传不是一个不可分割的单一整体，它在叙述中不断流淌，不断沉淀。谁说每个人只能有一部自传？谁说每个人心中只能有一个英雄、一位公主？事实上，浩如烟海的文学作品中多的是满怀渴望和意图的角色，且他们都受制于自传的变化规则，无论是正直的父亲还是不忠的丈夫。有沉默耿直的工人，也有阿时趋俗、知道如何用光鲜外表伪装自己的吹牛大王；有叛逆的孩子，也有追求功名者；有舐犊情深的慈爱母亲，也有吞云吐雾的金发女郎——她们就是人们口中的"红颜祸水"（femme fatale）；有外强中干、色厉内荏的老师，也有用"死亡诗社"（Dead Poets Society）照亮学生的老师；还有"老小姐"[1]——即使她现在看起来已不像个小姐——她爱上了一位活泼的女学生，经过很长一段时间方才醒悟。

在被问及自我发展的问题时，美国作家乔伊斯·卡罗尔·欧茨[2]（Joyce Carol Oates，1938—　）如此回答："每一个观点，每一种声音，都会产生一个不同的作者自我，一个不同的乔伊斯·卡罗尔·欧茨。"小说家菲利普·罗斯[3]（Philip Roth，1933—2018）认为，自传中存在着"另一个文本，一个与实际呈现出的

1　出自巴尔扎克的同名小说《老小姐》。

2　美国小说家、诗人、评论家、剧作家。代表作有《人间乐园》《他们》和《奇境》等。

3　美国作家，曾多次提名诺贝尔文学奖，并获得美国国家图书奖、福克纳小说奖、普利策小说奖等重要奖项。代表作《再见，哥伦布》。

文本相对的'反文本'（counter text）"。因此，一个人的生命不可能只是一个故事，而是很多个故事——尽管如此，故事还是故事。一个人在生活中扮演着不同的角色，有着不同层面的生活计划，因此可以用多种声音说话。这可能会在多声部、多视角的现代小说中找到踪迹。当然如果反过来说，现代小说的这种叙事手法在现实中也有体现，也未尝不可。"美国心理学之父"威廉·詹姆斯（William James，1842—1910）总结道："我们都是讲故事的人，我们就是我们所讲的故事。"

六、各个国家的故事

亲爱的莫里斯：

二〇〇一年九月十一日上午（与美国急救电话"911"这组数字相同并非巧合），两架被宗教极端分子劫持的客机撞向纽约世贸中心双子塔。随后，这两座曾是世界上最高的钢铁玻璃结构建筑轰然倒塌，约三千人遇难，整个城市乃至整个国家都陷入震惊和恐慌。在此之前，美国本土还从未受到过来自境外的攻击。

在最早关注灾难现场的记者中，有一位名叫威廉·朗格维舍（William Langewiesche），他也是一位作家。他在废墟附近总共待了九个月，采访救援人员、警察和消防队员，并观察他们的各种救援活动。人们先是在废墟中寻找幸存者，然后寻找罹难者遗体，最后清理废墟。在这个过程中，朗格维舍观察到一个惊人的现象：所有参与其中的人似乎都理所当然地认为，这场人生经历中最糟糕的灾难，最后一定会朝着好的方向发展，小到一定能找到幸存者，大到最终一定会有一个好的结局。几乎每个人都对所有的事情怀揣着这样的信念。朗格维舍写道：

> 尽管眼前的景象犹如世界末日，但人们全都带着近乎孩童般的乐观，单纯而执着地相信，一定能找到生还者，一定能找到遇难者遗体，让遇难者家属能够安心地活下去。没有人对此有丝毫怀疑。他们相信自己有无穷的精力，能够夜以继日地清理废墟，让这座世界上最伟大的城市得以重建，而且，重建后的城市可能会比原来的更加美好。

归零地（Ground Zero）[1]的工作人员坚信，新的生命力将从灰烬中涅槃，死亡与毁灭是在为下一次盛开铺路，新力量和新局面将由此展开。面对安全感和信任感的集体丧失，世贸大厦灾难现场的人不约而同地选择了救赎模式的叙事。救赎叙事仿佛流淌在血液中，必要时自然就会展开，人们根本没有思考，也根本不用去思考。

朗格维舍提到的是一个有着千年历史的叙事动机，这一点作者自己可能都没有察觉到。位于归零地的人所保持的基本心态可以在《圣经》的著述者身上找到。救赎，英文为"redemption"，这正是约公元前一千五百年，以色列人逃离埃及法老奴役的历史故事的主题。

---

1 原意为导弹目标或核装置爆炸点，现在一般指世贸大厦遗址。

1. 作为研究对象的恐怖袭击

纽约恐怖袭击事件引起的各种反应是众多学者和记者研究的对象，从这些研究中，我们可以得到不少启示，这也是一种救赎故事。例如，心理学家研究了人们如何处理这些创伤性经历。结果显示，绝大多数美国人并没有因此出现心理问题或精神障碍，他们展现出强大的韧性和抗压能力。这并不让人感到意外，因为当时只有极少数人身处事件发生地，目睹了双子塔被撞击后轰然倒塌的灾难场景。大多数人都是通过电视、报纸等媒体的报道间接经历此事的。然而，这场恐怖袭击还是引发了全国性的创伤，不仅因为世界末日般的灾难画面，更因为这一事件突然揭开一个赤裸裸的事实，那就是恐怖主义已经能够对美国造成如此巨大的伤害，在事情发生之前没有人能想到，也没有人敢相信。当时的美国总统小布什（George W. Bush）在事发时正在参加一个与孩子们一起进行的活动，他在听到消息时的表情毫无保留地落入摄像机镜头中，那是一张写满无法相信的脸。他的表情也代表了很多美国人的想法。

对事件的应对和评估机制立刻启动，叙事于是开始。袭击发生后不到十二小时，小布什向全国发表电视讲话。他所叙述的正是一场全国性的救赎故事。他说：

今天，我们的同胞、我们的生活方式以及我们的自由遭受了恐怖分子一系列蓄意的致命攻击。……今天是所有美国人团结起来，决心赢得正义与和平的日子。在过去，美国击退了敌人；这一次，我们仍将击退敌人。我们每个人都不会忘记今天这个日子，我们将奋勇向前，捍卫自由，捍卫我们这个世界上美好和正义的事业。

致命打击中开出善良正义之花。在这样的情境下，这种叙述实在是再合适不过了。它不是来源于任何特定的感知形式，无法被证明，也无法被推翻。我们甚至无法判断，小布什总统这场坚定刚毅的讲话是否真的符合善良正义的道德标准，因为不久之后，美国政府以"反恐怖主义"的名义发动了战争，这场战争也殃及伊拉克，造成更多的痛苦和灾难。

尽管如此，这个救赎故事还是产生了广泛影响。富兰克林·欧林工程学院的心理学家乔纳森·阿德勒和纽约州立大学布法罗分校（University at Buffalo, the State University of New York, 简称"UB"，又称布法罗大学或纽约州立大学水牛城分校）的迈克尔·普林（Michael Poulin）从一项有三百九十五名受试者参加的研究中得出这样的结论：救赎动机的叙事是人们在处理创伤时最常使用的叙事模式。而以"民族救赎"为动机的叙事，更能够消解压力，让人感到满足。

面对无法预知和令人不安的恐怖袭击，美国发展出一套以信念为外衣的叙事，目的是安定人心、增进民生福祉。这是恢复秩序要走的第一步。正如美国西北大学心理学家、生命史研究专家丹·麦克亚当斯所指出的那样，这一叙事从根本上来说，充满着美国式及基督教的底蕴。麦克亚当斯在其《救赎的自我》(*The Redemptive Self*)一书的开头几页引用了朗格维舍书中的几段话。同时我们也不能忽视，救赎叙事正以一种毁灭性的姿态与另一种叙事相碰撞，这种叙事属于策划袭击并驾驶飞机撞向双子塔的人。

2.《圣经》和《古兰经》中的救赎

前文多次提到的心理学家、哲学家威廉·詹姆斯也研究过救赎动机的叙事。他认为，救赎是所有宗教的基本思想。这些宗教都假设我们自然而然的存在方式有问题，但是有一个方法可以让人得到解脱，那就是与更高的力量建立联系，将我们从天生的缺陷中拯救出来。

救赎故事在犹太教和基督教的经典《圣经》中比比皆是。《旧约》记载，意为"上帝的选民"的以色列人逃出埃及法老（没有明确指出是哪位法老）四十年的压迫，从奴役枷锁中解放，并在摩西的带领下找到通往应许之地的道路。这就是《出埃及记》(*Exodus*)讲述的故事，这个救赎故事不仅频繁出现在影视作品中，更成为一种叙事脚本，流传了下来。今天，我们仍用"出埃及记"来比拟专业人才纷纷出走，贫苦之人为了寻找更好的生活离开故土的现象。犹太教、基督教和伊斯兰教的共同祖先亚伯拉罕和他的妻子撒拉也得到了救赎：他们直到老年都没有生育子女，在亚伯拉罕一百岁、撒拉九十岁的时候，他们在上帝的恩赐下迎来嫡子以撒，以撒后来成为以色列各族人共同的先祖。

不仅《旧约》，《新约》中也满是救赎。例如，当耶稣、马利亚和约瑟被迫离开家乡时，因无人收容只能在马厩里暂住——这个故事是每年圣诞节期间永恒不变的主题，也是在讨论难民收容和难民营住宿条件恶劣等问题时经常被提及的。其他的故事还有：耶稣如何为妓女沐足，使她重获群体的接纳；如何让盲人重见光明，让瘫痪病人可以重新行走；以及扫罗如何在去大马士革的路上遇到耶稣，耶稣质问扫罗为何要迫害他，扫罗认错悔改，改名为保罗，从基督徒的迫害者变成基督福音和故事的虔诚传播者。今天，人们还会讲述"保罗归主"的救赎故事，但是未必与信仰有关，而是用来形容一个人有了深刻的自我认识和醒悟。最后一个例子是以耶稣本人为主角的关键场景，也是基督教故事中充满戏剧化的结尾：耶稣为了将世人从原罪中拯救出来，默默承受罗马士兵的凌辱折磨，最后在十字架上痛苦地死去。此处需插入一句，这种对叛乱分子和恐怖分子的残酷折磨在当时是司空见惯的。三天后，耶稣复活，然后升天。

救赎不仅存在于基督教和犹太教文化中，也存在于伊斯兰教、印度教和佛教文化中。比如根据佛教"四谛"的说法，人可经由涅槃八昧得到解脱。

3. 叙事微考古

从小布什到《圣经》中以色列人的"出埃及记"，过去和现在，救赎动机的叙事历久弥新。虽然《圣经》中并未提到法老的名字，但是根据与奴役历史相关的文献记载，这位迫害以色列人、将以色列人追杀至红海边的法老很有可能是图特摩斯三世（Thutmose Ⅲ，约前1514—前1425）。他在约公元前1482年亲政，在位时间四十六年（约前1504—前1450）。

不过，推论出历史事实并不是我的目的，重要的是，这个源远流长的故事给我们带来的启示：叙事动机的影响力是如此强大，从三千五百多年前一直延续至今，甚至可能持续到以后很长时间。从《圣经》的著述者到小布什，在不同的文明时期，不同的文化背景下，救赎动机的故事一直影响着人们的思维和意识，给人们带来希望。过去如此，现在亦如此，未来还会如此，至于会持续多久，没有人能知道。然而这一原型被心理分析大师荣格忽视了。我们可以将其想象成一个容器，不，应该是两个容器：其中一个拥有异乎寻常的巨大容量，可以容纳世间所有的恶——绝非一星半点；另一个容纳让人感到幸福和满足的东西——这里面一定有很多故事。铰链将两个容器相连，将两者的时间和空间紧紧连在一起。这种巧妙的叙事结构历经战火纷飞，见证文化兴衰，且能轻松跨越沙漠、山脉和海洋，克服所有的地理障碍。

正如对救赎动机的叙事的微考古所显示的那样，它提供了一种精神工具，借由这种工具的帮助，人们得以发展出一种新的文明意义：它在一段相当长的时间内，将所有个体聚集在一起，成为一个具有共同意义和价值的整体，形成一种文明的意识。叙事动机影响了人们想要追求和摒弃的东西，人们自愿将此视为指导个人行动的动机和为个人期盼的目标。大脑自主产生的注意力可能只能持续几秒钟，而叙事这个工具将注意力延长至几个月、几年、几十年，甚至几千年。

早在古希腊雅典时期，书写成文能够持久保存这一点就已经众所周知，人们将其视为一种重要的社会价值。要成为英雄，需要勇往直前，征服敌人，或取得其他形式的功绩。然而这还不够，还需要有一位诗人为英雄写下赞歌，才能真正使他名垂青史。正如文艺复兴时期的人文主义者吉罗拉莫·卡尔达诺[1]（Girolamo Cardano，1501—1576）所言："名声是不朽最可靠的形式。而所谓不朽，就是长存于世人的记忆中。人能获得的最长的生命，就是其伟大、光荣和杰出的事迹被载入永恒的历史史册。"英美文学和文化研究专家阿莱达·阿斯曼（Aleida Assmanns）在她的《回忆空间》（*Erinnerungsräume*）一书中谈到了英雄和诗人之间的共生关系，并援引了亚历山大大帝[2]（Alexander the Great，前356—前323）在阿喀琉斯墓前流下痛苦泪水的典故：

> 倚靠在阿喀琉斯的墓碑上，
>
> 亚历山大不禁喟然长叹。"幸福的人啊！
>
> 诗人口中你的荣耀是多么如雷贯耳啊！"

---

1 意大利文艺复兴时期百科全书式的学者，数学家、物理学家、占星家和哲学家，古典概率论创始人。

2 古代马其顿王国国王（前336—前323年在位），世界古代史上杰出的军事家和政治家。

如果亚历山大大帝羡慕阿喀琉斯，并非因为他的赫赫战绩，而是因为诗人荷马为其颂扬。那么，比起阿喀琉斯的神勇无敌，亚历山大大帝更推崇荷马的文学造诣。

诗人躬身事权贵，因为书写英雄事迹传于后世可以获得丰厚的报酬。亚历山大的眼泪不是为《伊利亚特》中那个拖着赫克托耳的尸体在特洛伊城墙外绕行的英雄而流，而是在自怨自艾。这位伟大的君主感慨的是，他还没有找到自己的荷马来赞颂他的丰功伟绩。顺便指出一点，谱写赞歌这种获得永生的方式并不向平民百姓和妇女开放，这一点随着后来基督教的兴起和发展才有所改变。从那时起，除了权力政治领域的英雄事迹之外，帮助弱者的善举，无论行善者身份如何，同样值得赞颂。书写赞诗的不是诗人，而是上帝借诗人之笔记录事迹。说到此，不禁让人想到圣尼古拉斯每年都要翻阅那本厚厚的大书，查找孩子们一年来的表现，以决定奖惩。[1] 阿莱达·阿斯曼总结道："在这样的文化中，诗人具有一种远距离交流能力（也可以称之为魔法），凭借这一点，他可以在未来的时空里，对现在尚未出生的读者发挥其影响力。"现在如此，将来也不会改变。只是今天承担荣耀和赞颂的不再是某位贵族，而是整个国家或民族。"我们将被铭

---

[1] 每年的 12 月 6 日是欧洲传统的"圣尼古拉斯日"（St. Nikolas day）。传说在这一天，尼古拉斯会给一年中表现优异的孩子带来糖果和小礼物，而他的随从克拉普斯（Krampus）会惩罚一年中做了坏事的孩子。圣尼古拉斯就是圣诞老人的原型。

记。"威廉·莎士比亚笔下的亨利五世在阿金库尔战役（Battle of Agincourt）[1] 前的著名演讲中说道。这句话没有对生命逝去的忧郁，而是强调英勇的精神会在民族记忆中永垂不朽。

4. 从罗马到富尔达

"著书立说者，方能流芳百世。"（Wer schreibt, der bleibt.）"要么发表，要么灭亡。"（Publish or perish.）书写成文的东西在很久之后都能产生地缘政治影响力，比如古罗马诗人、哲学家卢克莱修（Lukrez，约前99—约前55）的教诲诗《物性论》（*Welt aus Atomen*）。它写于公元前一世纪上半叶，继承了古希腊哲学家伊壁鸠鲁的传统学说，以自然经验的可客观化为基础，但又不是现代意义上的自然科学。这篇以优美的拉丁语写成的文本已经包含了埃利亚哲学家芝诺（Zeno of Elea，约前490—约前430）所主张的原子论。这一学说认为，世界内部是由不可分割的元素组成的——这也是二十世纪初期现代物理学家所持有的观点。

《物性论》所代表的世界观旨在将人们从迷信和对鬼神幽灵的恐惧中解放出来，帮助他们更正确、更快乐地生活。对伊壁鸠

1　1415年10月25日在法国阿金库尔爆发的一次军事冲突。在亨利五世的率领下，以步兵弓箭手为主力的英国军队于此击溃由大批贵族组成的法国精锐部队，为随后在1419年夺取整个诺曼底奠定基础。

鲁来说，幸福很简单，就是人在自然需求和必要需求被满足时产生的感觉。所以为了实现幸福就必须了解自己的需求是什么，这需要清醒冷静地审视自然，并分析自己在自然中的位置。卢克莱修提出这个说法，主要是为了反驳神灵（别忘了当时是古典时代）可以惩罚或以某种方式干预人们生活的说法。

"死亡与我们无关。"卢克莱修如此写道。他的意思是，死人不会遭受痛苦，因此，在对死亡的恐惧中度过一生是十分愚昧的。这个说法可以直接拿来质疑基督教。按照卢克莱修的说法，期待救赎，渴望永生，或者做出牺牲和放弃，只为避免死后在地狱之火中受煎熬，都是毫无意义的。

有这样的内容，可以想象《物性论》不可能受到基督教教会、修道院院长或僧侣的青睐。即使对同一时代的思想家来说，这也是一种挑衅。因此，这部共七千八百句的长诗在几个世纪以来一直被人遗忘，载有这些革命性内容的羊皮纸原稿已经遗失，七份手抄本中的六份被毁。唯一幸存于世的孤本几经辗转来到了德国南部的一个修道院（没有人知道是如何流传过去的）。据推测应该是位于富尔达的本笃会修道院。后来它终于被人发现。发现者是佛罗伦萨人文主义者、手稿猎手（寻找手稿在当时获利颇丰）波吉奥·布拉乔利尼（Poggio Bracciolini），发现时间是公元一四一七年。

从此以后，卢克莱修的自然观和对迷信的批判势不可当地传播开来。他和伊壁鸠鲁以令人惊叹的美丽拉丁文诗句写成的启蒙教诲，为文艺复兴、古典的再生，以及启蒙时期历史性转折的到来打下了基础。桑德罗·波提切利 [1]（Sandro Botticelli，1445—1510）、乔尔丹诺·布鲁诺 [2]（Giordano Bruno，1548—1600）、伽利略·伽利雷 [3]（Galileo Galilei，1564—1642）以及后来的威廉·莎士比亚等艺术家，他们的作品都受到《物性论》的深刻影响。从羊皮纸原稿上最后一个字母写完，到两千多年后的今天，这本书对整个西方文化的影响一直在持续。

当然，人们可以提出异议，质疑《物性论》根本就不能算是叙事，因为它没有人物，没有情节，也没有将情节串联成连贯故事的结构。但这种看法太过浮于表面，作为一首教诲诗，这份文稿确实有伦理道德方面的意图，即指引人们过上更好的生活，因此可以将它视为一种训诲故事。

5. 从古埃及到新大陆

为了达到救赎的目的，救赎动机的叙事也有其演变和发展过程。它不止一次被创造，最早被发明于巴勒斯坦，然后进入罗马人的帝国，传到他们的首都，再从那里越过阿尔卑斯山，传播到

1　欧洲文艺复兴盛期画家，佛罗伦萨画派的代表人物，意大利肖像画的先驱。著名代表作有《春》和《维纳斯的诞生》。

2　文艺复兴时期意大利哲学家，捍卫和发展了哥白尼的太阳中心说。作为思想自由的象征，他鼓舞了 16 世纪欧洲的自由运动，成为西方思想史上的重要人物之一。

3　意大利天文学家、物理学家；被认为是经典力学和实验物理学的先驱，也是利用望远镜观察天体取得大量成果的第一人。

整个欧洲。和在其他地方一样，在欧洲，无论是左派还是右派，都不断为这个叙事注入新的内容。一六三〇年，这个基督教犹太教的传说随着清教徒登上"阿贝拉号"（Arbella）船队，从英国起航，漂洋过海抵达北美大陆。受到宗教迫害的清教徒以《圣经》中的以色列人为精神向导，相信自己未来的定居地一定是"新耶路撒冷"，而马萨诸塞州的森林是"流淌着牛奶和蜂蜜的土地"。为了与《圣经》里以色列人的叙述完全一致，这些清教徒相信自己是上帝的选民，心中只有真善美。——这个传说至今仍在美国流传。

心理学家麦克亚当斯认为，清教徒也十分擅长舞文弄墨。他们中的很多人都为子孙后代留下了信件、回忆录或自传，叙述了自己的救赎故事：

> 故事里的主人公必须告别过去自私冷漠、污秽不堪的罪恶生活，在上帝的感召下，走向美好纯净、善良可靠的新生活，并在新生活中感恩上帝的悲悯。故事的高潮是主人公彻底忏悔自己的罪行，全面接受上帝为自己的生活制订的所有计划。

纽约哥伦比亚大学美国研究部主任、历史学家安德鲁·戴尔班科（Andrew Delbanco）指出，教会里的神职人员定期召集信众聚会，鼓励他们说出自己的经历，为的是促进他们的精神成长。在弗洛伊德诞生二百多年前，清教徒的"灵魂医生"就已经开始实行一种谈话疗法。任何人，若想被教会接收成为正式成员，必须先做忏悔——这种忏悔是一场公开的自白——叙述自己在个人生活中为追求正确信仰所做出的努力和斗争。同时，这群上帝的虔诚信徒也没有辜负"清教徒"这个名称，跳舞、读小说等诸多乐趣都是被明令禁止的。面对有其他信仰的人和当地土著，这些上帝的选民总是以狭隘而顽固的心态待之。有这样的态度毫不令人感到意外，因为在他们眼里，这些人"不是上帝的选民"。

发生在一六九二年的塞勒姆女巫审判案是最臭名昭著的例子。在这场残酷的猎杀女巫的行动中，共有两百人被指控为女巫，其中五十五人难以忍受酷刑，被迫承认莫须有的罪名，二十人被处以死刑。根据美国剧作家阿瑟·米勒[1]（Arthur Miller，1915—2005）的考证，事件的起因是几名小女孩在森林中赤身裸体围成一个圈跳舞。清教徒认为，这些孩子一定是被魔鬼附身了，为了根除邪恶巫术，必须杀死她们。正是以塞勒姆为背景，以这些事件为原型，米勒于一九五三年创作了戏剧《萨勒姆的女巫》（*The Crucible*）。救赎可能会伤人性命，这种现象像一条主线贯穿整个美国历史。不过敢于揭示这一点的人，都和阿瑟·米勒一样，没有好下场。

6. 为奴十二年——终获自由

对于清教徒来说，新大陆是人间天堂，而对于奴隶来说，这

1　美国剧作家。戏剧《推销员之死》《萨勒姆的女巫》是其代表作。

里是地狱。麦克亚当斯说，他们的感受虽截然不同，但是出自相同的理由，因为这两个群体都"聆听同样的救赎故事，得到故事的滋养和激励。"一八〇八年，波士顿非洲协会的一名成员印刷了一份传单，散发给黑人，也散发给白人。内容引用了清教徒耳熟能详的《圣经》中的故事。作者将美国黑奴与《旧约》中逃离埃及前的以色列人相比较，并信誓旦旦地告诉读者，尽管背井离乡，尽管处境艰难，但上帝与他们同在：

> 没有证据表明，只因被他人奴役，就会被上帝放弃。以色列人多次奋力反抗法老的压迫统治，曾十次被俘。他们遭受的压迫或许不如父辈遭受的那样惨无人道，但他们有着另一番体验：他们重获自由后，笑容洋溢于脸庞，歌声迸发于舌尖……知道上帝主宰一切，是奴隶们在世间获得的最大慰藉，只要他们心向上帝。

据估计，一八六一年美国南北战争爆发之前，有六万名黑奴得以从他们的主人——南方种植园主那里逃离，成功逃往北方。他们中的一些人将自己的亲身经历记录了下来，有一些记录的长度足以成书，其中最著名的莫过于小提琴家所罗门·诺萨普（Solomon Northup）写于一八五三年的叙述，其电影版名为《为奴十二年》（ *12 Years a Slave* ），于二〇一四年上映并获得奥斯卡最佳影片奖。与清教徒一样，非裔美国人追求的也是救赎，不过这里的救赎意义更加具体，更加现实。他们想要的不是澄清他们与上帝的关系，而是将所有黑人奴隶从白人的束缚和奴役中解放出来。诉说自身伤痛的经历，可以给反对奴隶制的人以支持，为改变现状提供推动力。这类叙事都是为了同样的目的而书写，那就是挑起读者的情绪，以及要人相信从苦难和伤痛中最终会开出自由之花。

正如麦克亚当斯所指出的，这些叙事拥有与被认为挑起美国南北战争的小说《汤姆叔叔的小屋》（*Uncle Tom's Cabin*）相同的风格，给后来的女权运动带来不少灵感。一八六一年，曾为女奴的哈里特·安·雅各布斯（Harriet Ann Jacobs）以笔名琳达·布伦特（Linda Brent）发表了名为《一个奴隶女孩生活中的事件》（*Incidents in the Life of a Slave Girl*）的自传。在这本书中，她重点描述了黑奴们遭受的性剥削。因为这些性虐待，女奴们的境遇比男奴更加悲惨，她们无论成年与否，都经常遭到白人主人的强暴。麦克亚当斯说："雅各布斯的叙述也引起不少白人女性的共鸣，她们觉得自己在某种程度上也是奴隶，丈夫的奴隶。"

无论对于清教徒还是黑奴来说，公开叙述自己的生平经历都是一种个人启示：前者公开分享自己犯下的罪行，是为了将自己从错误和罪孽中解脱出来；后者叙述自己的苦难往事，是为了引导出更多解放同胞的政治力量。因此，叙述痛苦经历和摆脱困境的故事成了美国社会的标签。救赎动机叙事的高潮莫过于人权领袖马丁·路德·金（Martin Luther King）的著名演讲《我有一个梦想》（*I Have a Dream*）。

7. 从洗碗工到百万富翁

所有讲述从贫穷出身到努力工作致富的美国梦的故事，也都是个人启示。率先对这些叙述进行雕琢的，是企业家、发明家、政治家本杰明·富兰克林（Benjamin Franklin，1706—1790）。他出生于波士顿，十七岁只身来到费城时，口袋里只有不到一美元，只能用三个"结结实实的酵母面包"充饥。富兰克林后来成为成功的印刷商，还发明了避雷针和双焦距眼镜。双焦距眼镜是一种可以同时看近和看远的夹鼻眼镜，至今仍是最为畅销的眼镜种类之一。除此之外，富兰克林还是费城大学的创始人之一，并在晚年成为美国驻法国大使。他在自传中写下自己白手起家，从赤贫到巨富的故事，也就是美国版的"从洗碗工到百万富翁"：

> 我出生在贫穷和灰暗的环境中，在那里生活了好多年，现在我已脱离那种环境，凭自己的努力收获了财富，跻身富豪之列，并在国内外皆获得名望。命运一直眷顾于我，在我生命的晚年依旧如此。后人可能会产生好奇，想知道我成功的方法是什么，以及是什么伴我走向成功之路。对于那些和我境况相似的人来说，我的经验或许值得参考仿效。

富兰克林在书中提供了关于跨越社会阶级的诸多建议，并列出了节制、寡言、秩序、诚实、正义、整洁、谦虚等十三种美德。虽然富兰克林更看重当下的人生，对传播信仰不感兴趣，但他认为，命运更加眷顾那些拥有美好品德的人。但据麦克亚当斯说，富兰克林的想法里真正具有划时代意义的地方在于，美德能使人在社会中获得更好的际遇。"低调和谦虚可能会让人来世得到回报，但如果这些美德还可以帮助我们在这一世获得更好的工作、更好的房子、更好的游艇，岂不是更好?"若上帝垂怜，定会赐予荣华富贵，这一稍显扭曲的信念，直至今日仍是大多数美国人的信条。按照这样的逻辑，每个人都应该与那些收入无法与自己相提并论的人保持距离，更不用说那些在财产制度中属于他人之物的人，比如从前的黑奴。

因此，富兰克林发明的不仅仅是双焦距眼镜，还有美国梦，至少促进了美国梦的传播。顺便说一句，在富兰克林的自传中，他将不符合其完美故事的内容统统剔除。例如，他与自己的非裔女管家有染，但他只字未提此事，所以他至少应在诚实这项美德上被大大扣分。

8. 霍雷肖·阿尔杰[1] 的堕落与崛起

真正让"从洗碗工到百万富翁"这类救赎故事变得家喻户晓、成为民族文化财产的是牧师、作家霍雷肖·阿尔杰（Horatio Alger，1832—1899）。在担任唯一神教派（First Unitarian Church）

1　美国作家。1866 年因被指控与当地男孩有不当行为而被迫辞去牧师一职，该年他开始从事写作。其书大多是描述穷孩子由穷困到成为受人尊敬的中产阶级的故事。阿尔杰是 19 世纪晚期美国最受欢迎和最有社会影响力的作家之一。

的牧师十五个月后，他被指控与当地男孩有"不当行为"，认罪后被撤销神职。阿尔杰并没有因此堕落，没有沉溺酒精或试图自杀，而是幡然醒悟，洗心革面。他后来在一首题为《神父安塞尔莫之罪》（*Friar Anselmo's Sin*）的教诲诗中描述了这一危机和救赎：

> 安塞尔莫神父（愿上帝宽恕他）
> 在一个悲伤的日子里犯下弥天大罪。
> 才刚犯下，他就立即住手，对自己的行为惊吓不已。
> 因上帝无处不在的谴责，
> 他跪下来，痛哭流涕乞求原谅，
> 生命已经毫无意义，他有了死亡的念头。

接着，主人公遇到一名落难男子，他伸出援手，帮助男子脱离危险。于是天使现身安慰神父：

> 勇敢些，安塞尔莫，即使你罪孽深重。
> 上帝担保你的生命，即使你想结束它。
> 你的罪孽将被洗净，
> 因为你帮助他人的高尚品德。
> 谁的灵魂在天堂离上帝最近？
> 是那些用爱对待同胞的人。

在随后的三十年中，阿尔杰共写了一百零三本书，主要目标读者是青少年，他希望能够通过写作与他们有所接触，排解自己的恋童癖。他的教诲诗或短篇小说都遵循一个固定的发展模式：主人公是一个纯真少年，必须靠自己的力量在残酷的现实里谋生，比如送报。这个少年走遍城市的每一处角落，受到形形色色的诱惑，但是始终正直坚强。他广结善缘，努力工作，保证经济独立，同时不忘善良正直地生活。主人公会遇到贪婪的骗子，骗子唯利是图不择手段，不尊重他人也不尊重规则。他会陷入强烈的斗争，奋力抵抗骗子的诱惑。最后因某种机缘巧合，或者某位富裕商人对他青眼相看，主人公终于获得成功和财富，为自己购买了新的手表和西装——中产阶级成功人士的标准装束。

这些书刚出版时，书中所宣扬的价值观被很多人嗤之以鼻，因此销量惨淡。但是在阿尔杰一八九九年去世后，这些作品突然变得受欢迎，一直到二十世纪二十年代初都有很高的销量。仅在一九一〇年这一年就售出了一百万册，这在当时是个天文数字。这些教诲警示类的故事在移民之间非常流行，这些移民大多来自南欧一些贫困且饥荒频发的地区，他们在二十世纪初期来到美国。

阿尔杰笔下这些追求进步、实现阶级跨越的故事对他自己也产生了极大影响，因为这些故事在他身上成为现实，他靠着这些故事留名文坛。一位历史学家称阿尔杰为"现代社会中最伟大的神话创造者"，虽然是在他死后。不仅如此，这些故事也对美国社会产生了深远影响。今天，霍雷肖·阿尔杰协会（Horatio Alger Association）仍然为"在逆境中取得成功的杰出人士"颁发年度奖，并提供奖学金给那些"坚持不懈追求自己梦想的年轻人"。甚至自一九四七年以来，美国总统每年都会颁发"霍雷肖·阿尔杰奖"（Horatio Alger Award）。今日，书店中充斥各类人生指南，给读者提供无数建议，激励读者奋斗。甚至还有一些直截了当的成功学书籍，例如《成功经理人的七大秘诀》。如果没有阿尔杰的故事开创先河，这些书籍可能很难被创作出来。人生指南的书写方式之一就是讲述成功人士的生命历程，因为正确的传记是通往幸福的关键。

9. 民族疗愈师

今天，救赎动机就算不是最主要的叙述模式，也是最主要之一。麦克亚当斯统计分析了《人物》杂志刊登的故事，只要内容明显是先苦后甜、否极泰来的，就将它归类为救赎故事。在被统计的八十四篇文章里，共有四十四个属于此类，占比百分之五十二。这些数字足以证明救赎动机的流行程度。此外，无论这些杂志出版于纽约袭击事件之前还是之后，统计结果没有太大差异。

当今，美国社会最重要的救赎故事宣传者要数奥普拉·温弗瑞（Oprah Winfrey），她从脱口秀开始，到后来逐渐建立起媒体帝国，一直在激励人们掌握自己的生活，克服阻力，全力追寻梦想，走向更好的人生，并且绝不能忘记回馈社会。麦克亚当斯说："和许多美国人一样，她相信自己被上帝选中，肩负着改变世界的使命。"奥普拉告诫他人不要太在意社会规范，更重要的是遵从内心的善意。她就像一名疗愈师，引导观众叙述自己的生平故事，叙述出一个新的自己——不只在节目里，也在节目之外。

奥普拉也以同样的方式叙述并贩卖自己的故事，毋庸置疑，这也是一个典型的美国式成功故事，一个从人间地狱爬往天堂的救赎故事。奥普拉出生并成长于密西西比州一个贫穷的小镇，曾遭受性侵，职业生涯的第一份工作是广播记者。随后，她成为一名新闻播音员，接着又主持一档使她成为家喻户晓的名人和黑人英雄的脱口秀节目，担任过电影制片人，创办过以自己的名字命名的杂志，最终成为全民偶像。而且她发现自己热爱艺术——"作为一个黑人小孩，我在成长过程中很少感到被爱，总是被孤立、被排挤。小的时候，我最强烈的情绪是孤独，但成年后的我完全相反。"

她自己从遭受性侵的创伤中走了出来，所以觉得其他人一样可以战胜命运，排解痛苦，变得更加强大。这就是所谓的"心理韧性"（resilience），也是当下图书市场上大热的叙事主题，表现了救赎故事的受欢迎程度。根据奥普拉的叙述，在每天早上开始充实的一天之前，她都要读一遍她最喜欢的一句话："你最神圣的时刻！你最神圣的时刻，通常是那些特别痛苦的时刻。"这句话来自拉尔夫·沃尔多·爱默生[1]（Ralph Waldo Emerson，1803—

---

[1] 美国散文家、诗人。爱默生是确立美国文化精神的代表人物，是新英格兰超验主义最杰出的代言人，被美国总统林肯称为"美国的孔子""美国文明之父"。代表作品《论自然》《美国学者》。

1882）。爱默生还说过另外一句话："与我们内在的东西相比，我们身后和身前的东西都是微不足道的。"

别忘了，爱默生也一直鼓励人们自助自救。如果他还活着，一定会获得"美国最早的精神导师和励志教练"的头衔。而在他生活的时代，他是一位牧师、诗人和散文家。他认为，救赎来自一个人对自己内在潜力的探索。

10. 救赎的阴暗面：末世信仰

救赎不仅是美国社会的核心价值，也是西欧的主流思想。我们在这里如此详细讨论这个动机，是因为麦克亚当斯以一种堪称典范的方式成功地阐述了该叙事动机从今日的巴勒斯坦开始，在世界各地的传播，以及几个世纪以来的演变过程。这种叙事考古研究并非易事，也不是在每个国家都有明确的证据。最重要的是，麦克亚当斯并没有忘记指出救赎动机带来的负面影响：

> 因矛盾而不安地绞着自己双手的人，会说"不"的人，政治现实主义者，会在半夜醒来扪心自问是否真的做出正义之举的人，对于所有这些人，某些美国人的天真率直，把一切交托上帝的平静，真是令人悲哀和愤怒。虔诚信奉上帝表现出的样子和傲慢无知一样，总是不知疲倦地奉献也会显得偏执和盲目。当面对与我们信念不同的人时，我们会有何感受？当我们的信念与他人的信念起冲突时呢？

那些认为自己出类拔萃、被上帝选中、坚信世间唯一真理来源于自己内心信念的人，容易与人产生冲突，会自我孤立，在情况不明时宁愿单打独斗也不愿参与集体行动。这种情况不仅会发生在个人身上，也会发生在整个国家或民族身上。任何叙述负面故事的人都会被期待提供一个解决方案，否则自己知道就好，何必要将故事说出呢？善良似乎成了一种专制制度，培养出一大批激励人心的疗愈师，这些疗愈师专门帮助那些无法将自己的故事转向正确道路的人。

纵观世界历史，美国发动的战争就是强有力的证明：认为原住民是魔鬼之子，所以可以毫无顾忌地侵占他们的土地；认为自己所认可的自由与正义是唯一正统，所以可以使用任何手段宣扬推广之，必要时可以在东南亚国家的丛林里使用炸弹和落叶剂。我不禁想起电影《早安越南》(*Good Morning, Vietnam*) 中的一幕：罗宾·威廉姆斯 (Robin Williams) 饰演的电台主播艾德里安·克绕劳尔 (Adrian Cronauer) 与朋友对峙，质问他为何隐瞒自己是越共的事实，还参与了对一家咖啡馆的袭击。朋友回答道："对你来说，我们只不过是越南佬。"

除了柬埔寨战争（开始于 1969 年）和可能夺取两百万人性命的越南战争（1955—1975），还有对伊拉克的两次战争，第一次是在一九九○年至一九九一年，第二次是在二○○三年纽约世贸中心大楼被袭击后。第二次的理由根本站不住脚，而且还对后来的恐怖组织"伊斯兰国"的兴起起了推波助澜的作用。引起这些战争的原因都和对救赎的无条件信仰脱不了关系。英国哲学家约翰·格雷（John Grey）称，这是小布什政府推行的"末世信仰"政策（Apocalyptic politik），即召唤出《圣经》中描写的末世灾难，并将其称为解放的战争。关于末世灾难和启示的叙事在西方文学中有着悠久历史，德国纳粹主义思想也受到其影响。不过我们不能断言，小布什在发动战争时，心中有召唤末世灾难的想法，他可能将其视为一种无法避免的战争代价。让他更感兴趣的应该是，这些地区在战后靠着美国给予的信仰，获得和平与救赎，从灰烬中涅槃重生。

11. 请给我更多的悲剧！

丹·麦克亚当斯建议同胞（和其他人），若想从暴力中脱身，应更多寻求悲剧中的叙事力量，例如古希腊罗马戏剧或莎士比亚作品中常出现的精神力量。在这些作品中，主人公面对的是他无法左右的命运，悲剧出现的责任也不完全在他身上。以色列特拉维夫大学（Tel Aviv University）心理学家海姆·奥默（Haim Omer）及其同事纳希·阿隆（Nahi Alon）解释说："在悲剧叙事中，一个人经受的痛苦不是由恶意阴谋导致，也不是邪恶力量的结果，只是生命中无法避免的一部分。"若能将生活中的厄运视为人生必经之路，便不会将全部精力都花在除邪去恶上，因为除邪去恶的过程可能会带来更多不幸。

例如，俄狄浦斯可能无法摆脱弑父娶母的命运，但麦克白若娶了另一个女人，可能就能获得幸福快乐。但这些悲剧的故事最能够启发人心：如果主人公在开头的所想所愿会随着情节推进——实现，那么作为观众的我们就不会为主人公的悲惨境遇感到心酸，与他们产生共鸣，悲剧也就不是悲剧了。

况且，悲剧叙事并不假定人性本善，并一心向善。悲剧叙事更加趋近于现实，因为相比较于救赎故事里的人物，我们往往更加思前想后、矛盾纠结、踟蹰彷徨。

最后，麦克亚当斯写道，一个人若与他人分享艰难苦楚、脆弱哀伤，比起强制要求他人行善，更能得到信任与亲近感。

12. 叙事之战

民族叙事中，关于某个民族，或具有相同宗教或政治理念的人群共同悲惨经历的讲述，可以塑造这一民族的历史。而民族历史所塑造的，是人们个人身份认同的一部分。因此，在不同的民族叙事中，同一社会或政治上的冲突，常常会显得彼此矛盾，互相不能协调。例如二〇〇一年"九·一一"恐怖袭击发生的那天早上，当劫持飞机撞向世贸大厦的飞行员想象着自己成为万人崇拜的英雄，得到真主的垂青，在天国里找到救赎时，遇难者们可能正怀揣着"从洗碗工到百万富翁"的"美国梦"冲进双子塔。

加州大学圣克鲁兹分校的文化心理学家菲利普·哈马克（Phillip Hammack）认为，所有的战争和冲突也都是不同叙事间的战争。这里的叙事不包括政府为了政治宣传而创造的叙事，而是被人们纳入身份认同的叙事。哈马克在一项研究中详细分析了巴勒斯坦和以色列青年在叙事上的差异。两者都生活在充满政治和意识形态冲突的地带，两个群体都将那些关于他们的族群文化、时代历史和生活状况的宏大叙事融进个人叙事中。以色列青年的叙述通常以救赎为动机，而同样的故事对巴勒斯坦人来说，则是屈辱和悲剧。这种差别导致的结果是，他们会用不同术语和概念描述同一历史事件。例如纳粹德国屠杀犹太人带来的直接后果之一：一九四八年以色列建国。那一年中发生的动乱和斗争是以色列青年口中的"独立战争"，巴勒斯坦人则将其称为"浩劫"（al-Nakba）。对他们来说，他们虽从未离开过这片土地，却在那一年失去了故土。巴勒斯坦解放组织（全称为"Palestine Liberation Organization"，缩写为"PLO"）于一九八八年宣布成立自己的国家，但始终没有明确的国界线，很多国家和国际组织也拒绝承认，包括联合国在内。

　　哈马克及其研究团队在缅因州和芝加哥的几处度假营地采访了三十多名前来参加为期几周的夏令营的年轻人。其中有位十六岁的穆斯林，名叫阿里（Ali），他提到自己生平第一次有意识的记忆，是一九九〇年第一次海湾战争期间的导弹袭击。他说自己在十二岁之前根本不理解周围发生的事，在那之后，他开始有了意识，而且是呈现出悲剧色彩的意识：

　　　　我的同胞巴勒斯坦人过的不是普通生活。我们没有希望，生活没有意义。我们没有自由，被歧视，被杀害，被凌辱。我们没有钱，一些人甚至没有饭吃。这是一种什么样的生活？绝大多数人都不害怕去当人肉炸弹，这很让人惊讶吗？除了战争，我们什么也没有。

十五岁的约西（Yossi）来自以色列海法市的郊区，他还记得在火箭弹袭击时不得不戴上讨厌的防毒面具。他在海湾战争开始两个星期前刚与家人一起从塔吉克斯坦移民到以色列。面对周围环境中的种种威胁，约西试图以强大的精神力量与之对抗。"我们不能向恐怖分子展示我们的恐惧。如果我们这么做，他们就赢了，因为这正是他们想要的。"这个犹太男孩说。尽管他的故事离不开战争带来的恐惧，但是约西坚决否认他的生活会被恐惧笼罩，并用一个积极稳步朝着成功人生方向发展的故事支撑自己的说法。对于巴勒斯坦人的政治处境，约西完全无法产生同理心，这从他对地理的叙述中就可以看出：

> 我当然觉得自己是对的，我的国家是对的。每个人都会认为自己的国家是对的。我的意思是，当巴勒斯坦小孩说"我来自巴勒斯坦！"，是什么意思？我是说，根本就没有巴勒斯坦这个国家。你可以去联合国查一下国家列表，根本就没有一个叫作巴勒斯坦的国家。所以他应该说："我是来自以色列的巴勒斯坦人。"但如果他说"你好，我来自巴勒斯坦，巴勒斯坦的耶路撒冷"，这对来自巴勒斯坦和来自耶路撒冷的人都是一种伤害。

13. 故事未完待续

哈佛大学冲突理论学者赫伯特·凯尔曼（Herbert Kelman）指出：也许这正是中东冲突的症结所在，一方的身份认同恰恰建立在否认另一方的身份认同上。一方遭受痛苦和不幸，断然拒绝承认另一方也在遭受痛苦和不幸，因此双方最大的痛苦都在于自己的声音不被倾听。这的确是一条巨大的裂痕，但也并非无法修补。正如凯尔曼所说："解决冲突的长远方法，可能是为双方发展出新的身份认同，一个超越冲突、不会威胁到对方的身份认同。"

从这些年轻人的叙事可以看出，这种想法并非遥不可及。十六岁的少女莱拉（Laila）就从全新的视角叙述自己的生平故事。这个女孩来自以色列境内的一个阿拉伯村庄，她和家人并没有因为以色列建国而离开故土。因此她说自己有"巴勒斯坦的根"，她的自传是一条上升发展的曲线，叙述的内容也超越了"他们"和"我们"的对抗关系：

> 来参加夏令营之前，我有不少种族主义的想法。我恨犹太人，这种仇恨几乎与生俱来，我没有办法改变。以前，我就像家人以及大部分阿拉伯人一样，对自杀式恐怖袭击并不反对。参加夏令营之后，我的想法发生了很大改变，我现在完全无法接受这种做法。我在这里认识了很多朋友，包括犹太朋友，我一直在想，如果我的犹太朋友死于这种自杀式恐

怖袭击怎么办？我会如何反应？在与以色列人接触之后，我终于明白，如果你了解一个人，你就可能喜欢他。我尊重他们，与他们一起玩耍、一起生活、一起吃饭，睡在他们隔壁，这些经历改变了我。我必须承认，在与他们相处了这么久之后，我从他们身上学到了很多东西，也发生了很多改变。

我们将没有接触过的陌生人称为他者，一旦与之接触，首先会做的，是将他纳入我们个人的人生经历中。他者及其视角也会出现在我们的个人意识中，并在个人叙事中被赋予一席之地。因此，为了解决冲突，各方应该找到共同的叙事：不是去讨论什么该放在第一位，而是把重点放在寻找共同的叙事，也就是共同的经历上。

14. 政治叙事

叙事不仅是人类行为的一个重要组织原则，也不仅创造个人、文化乃至国家的身份认同，将它们串联在一起。叙事扮演着中间人和调解人的角色，在政治、历史的转折过程中发挥着重要作用。如果价值观和道德观在社会变革过程中发生变化，新的叙事就会创造出新的意义。如果群体或国家、民族之间有矛盾，找出共同的经历和叙事可以使各方和解。最后，叙事也是社会弱势群体或个人的一种发声方式，能够借此改变自己的社会地位。而所叙述的内容也会不断产生新的意义，印刷成书的故事也不例外，它们总是可以被赋予新的解释。

和菲利普·哈马克一样，供职于东伦敦大学的莫莉·安德鲁斯（Molly Andrews）也是心理学研究这一分支的代表人物。她专注于政治叙事研究。安德鲁斯研究了南非真相与和解委员会（全称为"Truth and Reconciliation Commission"，缩写为"TRC"）从一九九六年到一九九八年的两万两千份报告，内容均为叙述者自己或身边人在种族隔离制度下遭受的虐待。安德鲁斯写道："真相与和解委员会有一个核心观点：讲述这些故事——无论内容多么残酷——具有一定的疗愈效果。如果对个人没有作用，至少可以对群体产生效果，尤其是对一个必须找到出路、让大家能够共存的群体。"

> 政治叙事在创造和重构历史方面发挥着重要作用，无论是在个人、群体还是国家层面。因此，政治叙事是一种关键机制。通过这种机制，过去被重新叙述，以期实现期望中的未来。通过政治叙事，我们告诉自己和他人我们是谁。这个问题的答案会随着时间的推移发生变化，但我们乐此不疲。它是我们坚持的原则，是我们作为一个民族所得到的回报。我们作为一个整体所形成的身份认同是建立在历史之上的，这个历史有各式各样的表现方式，包括公开庆典、纪念活动以及历史教育。

安德鲁斯采访了东德民权运动的代表人物，其中一位是赖因哈德·莱斯休恩（Reinhard Weißhuhn），他生于一九五一年，后来成为德国绿党议会党团的工作人员。莱斯休恩讲述了自己在东西柏林开放边界那天的经历。与电视上痛饮香槟、游行狂欢不同，他在那一天的经历充满了不安与惊慌。那一天，他突然发现身边有一样东西被人拿走了，一样他一直刻意忽视的东西：柏林墙。

　　我试着解释一下：我住在……我从七三年起就住在柏林，住在离柏林墙两百米远的地方。这堵墙对我来说已经成为监禁的象征，现实中如此，在隐喻、象征及其他各种意义上也是如此。过去的二十年里，我一直幻想着能撞开这堵墙。为了生存，我不得不尽量对它视若无睹。墙倒了之后的那一整个星期，我仍然抱着这样的心态。墙在那里的时候，我刻意忽视它的存在，墙不在了，我刻意回避它已经消失的事实，但并没有成功。我第一次越过边界，是在波茨坦广场，那里没有通道，只是在墙上砸出了一个洞。没错，我就是想从那里越过边界，就是那儿。我像梦游一样走了过去，不知道自己在想什么。我穿过去，站在墙的另一边后，脑海里只有一个念头：原来这真的是可以的。我在那里驻足良久，在那片死亡地带[1]上。我无法向前也无法后退，然后我就哭了，我完全崩溃了。

1　柏林墙是两堵平行的墙，相隔约150米，中间的区域是所谓的"死亡地带"，也被称为"真空地带"。

15. 漫长的追寻：欧洲叙事

政治叙事不一定就是民族国家叙事，因此很难确定究竟哪种叙事可以给德国和欧洲指明未来。是救赎动机吗？就如经济奇迹的神话和杂志专栏标题"我的救赎"那样？是恐惧或污染的主题？就像对非洲、东欧或伊斯兰移民感到不安，或者对通信基站、电线、风力发电或纳米技术的反对那样？还是各种主题中最德国化的主题：回归浪漫［典型代表就是二十世纪九十年代的电视剧《梦之船》(*Das Traumschiff*)］？这方面的一大象征当然就是德国森林。但是，推崇大如客厅的高配置房车，以及能在无限速的高速公路上肆意狂飙，也可以被归为浪漫主义。融合了恐惧和浪漫的主题，就是"森林的消失"，即二十世纪八十年代的主流叙事：环保主题。在德国，流行着这样的态度："欣赏美丽的世界，享受旅行和海边的日落，除了这些，请别拿其他事情烦我。"

那么欧洲呢？在经历了那么多战火摧残后，试图统一这块大陆五颜六色区块的宏伟构想，在很长一段时间内都不必寻找什么正当性来支持。（几乎）没有人愿意再度拿起武器射杀邻居了。但是反对战争也不能产生身份认同，也远不能成为打动人们感情的叙事方式。当然，在遭受恐怖袭击事件后，例如二〇一五年一月在巴黎讽刺杂志《查理周刊》(*Charlie Hebdo*)总部和二〇一一年七月在挪威度假小岛乌托亚(Utøya)发生的枪击事件，所有政治和公共叙述者都强调欧洲价值观的重要性，提出团结、自由、共同权力、不同种族间的平等，允许不同的声音等等。让欧洲凝聚到一起的正是从血淋淋的历史中得到的这些教训，但这些教训毕竟是学来的，不是直觉反映出来的信念，所以只是冷冰冰的公式，无法直击人心。所有参加灾后救援的消防员、警察、救护人员不会在事故现场向记者叙述有关团结和宽容的个人故事。那么人在突然失去安全感时会叙述什么样的故事呢？

"欧洲"是一个过去的叙事。最早的版本是荷马的《伊利亚特》，写于公元前八或七世纪。书中，宙斯化身公牛，身披柔软的白色绒毛，头顶牛角，在西顿（Sidon，今黎巴嫩的一个城市）的海滩上诱拐美丽少女，将她带到克里特岛。在那里，他们生了三个孩子。这个故事是欧洲艺术史上经久不衰的主题，也被印在一些欧元纸币上。但是这个故事仅告诉了我们欧洲名字的由来，其他什么都没有，因为故事到这里就结束了。

正如德国前总统约阿希姆·高克（Joachim Gauck）所指出的那样，欧洲缺少现在的叙事，这正是它的致命弱点。高克在二〇一三年二月的一次演讲中感叹"缺少创世神话，没有一个可滋养身份认同的欧洲故事，也没有能增强民族或国家凝聚力的关键战役"。

对此说法，我并不十分认同。我相信，人们念兹在兹的欧洲叙事早就存在了，只是我们对此熟视无睹。不过，危机是新叙事的孵化器，而欧洲恰好有足够多的危机可以给这将要到来的叙事提供灵感。

我的救赎

亲爱的莫里斯：

关于叙事的叙事，已经来到结尾。

很好，我终于可以提个问题了。

你写了六十本书，你一直享有话语权。

你能不能告诉我你的救赎是什么？还是你宁愿选择悲剧
叙事，任由命运摆布？

不，我更喜欢把命运掌握在自己手里。我相信吹牛男爵明希
豪森（Münchhausen）说的，人可以拽着自己的头发将自己从困
境中拉出来。

我不想听这个，还有呢？

阅读拯救了我，我会经常给自己朗读。

为什么？这是种什么秘籍？这可是比钢琴学生练习音阶还要可怕的事情。

我只是入睡前躺在床上这么做，我把声音压得很低，除了我自己没有人能听见。至少没有人向我抱怨过被我的"朗诵会"打扰。

你为什么要做这种练习呢？

正如你说的，我确实把它当成一种练习。我朗读出声，是因为我小时候有点口吃，几乎没有一个字能顺利地从我嘴里说出来。每当家里来客人，问起我在学校的表现，我总是面红耳赤，结结巴巴说不出话来。当在德语课或英语课上轮到我读课文时，我一个字也念不出来，尽管字就在眼前，我也能看得清清楚楚。这时候其他同学便会发出笑声。我有口吃，我其实永远不想提起这件事。

好吧，现在这件事要被印在书里了，你是怎么想到用阅读来缓解口吃的？

　　有一天，一位老师找到我母亲，打破尴尬的沉默，对此，我永远感激他。我们在家里从未讨论过这个问题，为什么会这样？是不是发生过什么事情使我们不愿再谈及它？没有人追问原因。后来，我才自己摸索问题的根源。总之，当时我要做的就是争取治疗机会。为了得到机会，我必须先参加测试。我画了几匹马，谈到了野性、自由、逃避之类的话题。我还被要求进行一段朗读，但一开始失败了，母亲的脸都红了，后来我说自己不认识这些字。原来，治疗师给我的黑板是错的，上面的文字是古老的花体字。治疗师翻过黑板，我就朗读起来，流畅且顺利。当我察觉到自己读得很好时，我甚至加了一些在我看来十分有效的语气。

　　典型的示范效应（demonstration effect）。

　　可以这么说。但是我觉得更类似于《铁皮鼓》中奥斯卡·马策拉特拒绝说话的情形，只不过我没有把这种想法说出来。如果要我流利朗读，我做不到；但如果要我说话结巴，我也难以做到。

　　继续说！

　　几周后我收到来信，说有个机会可以让我接受治疗。但我不想去，事情也就这么决定了。我有自己的计划，就是多读书，大声读，打破这种枷锁，我知道这样做一定有用。

成功了吗？

成功了！让人尴尬到冒汗的情况很快就过去了，我甚至在课堂上主动朗读。这当中有个插曲。那位找我母亲说我口吃问题的德语老师，在班上问大家是否愿意读赫尔曼·梅尔维尔的《水手比利·巴德》（*Billy Budd*）。这部小说的主人公是一个年轻的水手，名叫比利。他友善，英俊，强壮，乐于助人，但有一个看不见的缺陷，即语言障碍。当他被指控煽动叛变并受到船长的质询时，他的命运发生了悲剧性的转变。比利被吓坏了，无法说出话来为自己辩解，巨大的压力让他终于爆发，挥拳打死了恶毒诬陷他的克拉格特。梅尔维尔创造了一个经典的莎翁式悲剧，一个原本善良的人，却为环境所迫，展现出人性中最恶劣的一面。他可能不愿如此，但事情还是发生了。最后，英俊的比利被绞死。

这个故事和你自己的经历有什么关联呢？你经常因为打架而被退学吗？

我的这位老师名叫彼得·兰德格雷，他问全班同学读一个关于口吃者的故事是否合适，因为我们班上也有人口吃。当然，他的措辞更为委婉和善。这时，一位叫蒂洛的同学——到今天还是我的好朋友——问道："班上有谁口吃？"这让我感到自豪。我不想口吃，我希望能够自由表达，而不是成为比利·巴德，虽然我很喜欢梅尔维尔的这部小说，就像喜欢《白鲸》(*Moby Dick*) 一样。这也是一个充满复杂纠葛的悲剧故事。

你前面提到奥斯卡·马策拉特又是为什么？

我曾说过，我是和祖母一起在邻村度过了生命中的前几年，直到上学时才回到父母身边。当时我完全不想离开祖母，但没人在乎，可能连我自己也不在乎。我知道，孩子应该和父母在一起，因此只能将抗拒埋藏在内心深处。我的故事只有这个版本，其他版本已经不存在了。